Esther Secretan-Blum

Die Singer-Kinder

ISBN 3-932308-23-9

Die Singer-Kinder

Siebenunddreißig Abenteuer einer christlichen Familie

Christlicher
Missions-
Verlag

Inhalt

Vorwort

Die Familie Singer hat 3 Kinder: Annette ist vierzehn, Klaus dreizehn und Sabine ist neun Jahre alt. Siebenunddreißig Mal erlebt man in diesem Buch mit, was für Nöte sich für die Singer-Kinder in ihrem Kinderleben ergeben. Es wird so spannend erzählt, dass kleine Leser gerne und gut folgen können.

Aber auch die Vorleser und Erzähler dieser Kindergeschichten können einen Gewinn für sich erzielen. Die jeweiligen Lösungen der Kinderprobleme sind sehr hilfreich. Immer steht ein Wort Gottes im Blickpunkt der Antwort. Diese Geschichten können die Hausandacht beleben oder in der Sonntagsschule und Predigt verwendet werden.

Jede Geschichte ist in sich abgeschlossen. Das macht auch Anfängern Mut. In diesem Buch wirkt alles harmonisch zusammen, um den Kindern etwas zu bieten, was sie gern haben und dann als Schatz in ihrem Herzen bewahren, so dass es über diese Zeit hinaus Wert behält.

Für Jungen und Mädchen, 6–12 Jahre

Darf ich vorstellen?

Papa Singer. Er ist Arzt. Die fremden Leute müssen “Herr Doktor” zu ihm sagen. – Mama Singer. – Die dreizehnjährige Annette. – Der zehnjährige Klaus und seine neunjährige Schwester Sabine.

Sie sitzen am Mittagstisch. Die Dessertlöffel stellen ihr emsiges Treiben langsam ein und jetzt wird es ganz still. Papa Singer steht auf und holt von dem Büffet das Andachtsbuch. Als er sich feierlich wieder seinem Platz zuwendet, sieht er, wie sich Annette gerade auf leisen Sohlen durch die sich schließende Tür davonmacht.

"Was ist mit Annette?", will er wissen.

“Sie hat etwas von vielen Aufgaben gemurmelt.”, berichtet die Mutter.

Der Vater zieht nachdenklich die Augenbrauen hoch.

Unterdessen hat Klaus scheinbar diensteifrig die leere Fleischplatte ergriffen und sie in die Küche getragen – um nicht wieder zurückzukommen.

"Das wird mir aber zu bunt!", entrüstet sich Papa. "Jeden Tag dieselben Drückeberger! Was ist mit unseren Kindern los, immer, wenn wir Andacht halten wollen?"

In Kürze sitzen alle wieder an ihren Plätzen. Aber Mama Singer hat eine Idee:

"Die Andachten sind etwas zu lang und für Kinder nicht immer leicht zu verstehen. Ich schlage eine Programmänderung vor. Wie wäre es, wenn wir direkt aus der Bibel nur einen Vers lesen, ihn aber dafür auswendig lernen würden? Am nächsten Tag wird sich herausstellen, wer das beste Gedächtnis hat. So sind wir dem Worte Gottes gewiss gehorsam, denn es steht geschrieben: 'Ich behalte dein Wort in meinem Herzen, damit ich nicht wider dich sündige.' (Psalm 119,11)."

Jetzt sind die Kinder begeistert dabei und wetteifern um das beste Gedächtnis. Sie wollen aber auch gerne mit ihren Eltern über den Vers nachdenken und herausfinden, wie er im Alltag am besten angewendet wird, welche Dinge ihres alltäglichen Lebens dieses Bibelwort anspricht und auch verändern will. Und dann bitten sie den Herrn Jesus ihnen dabei zu helfen.

"Ich behalte dein Wort in meinem Herzen, damit ich nicht wider dich sündige."

Psalm 119, 11

Die Domfenster

Papa Singer muss ins Ausland auf einen Ärztekongress fahren.

"Wie ich hörte, ist morgen schulfrei. Dann kommt ihr alle mit!"

Die Kinder brechen in ein wahres Indianergeheul aus und nur mühsam erringt Papas Stimme wieder die Oberhand: "Während ich auf dem Kongress bin, macht Mama mit euch einen Statdrundgang und ganz besonders empfehle ich euch den Dom zu besichtigen!"

Am nächsten Morgen fahren sie schon früh los. Nach stundenlanger Fahrt sind sie am Ziel und die kleine Schar lenkt ihre Schritte durch enge Gässchen dem berühmten Ziel zu. Und plötzlich steht er vor ihnen – der Dom – in seiner majestätischen Schönheit.

"Ah!", staunen die Kinder. "So eine große Kirche!"

Als sie näher kommen, entdecken sie Hunderte von kleinen Türmchen. Aber irgendetwas an diesem Haus kommt ihnen seltsam vor.

"Komisch!", überlegt Klaus. "Diese Kirche hat ja gar keine Fenster! Oder doch?"

Als er die Sache näher untersucht, entdeckt er schmale Scheiben, die aber genauso grau sind wie die Mauer. Es scheint ihm unmöglich, dass dort jemals genug Licht durchkommt, um das große Gotteshaus zu erleuchten. Er denkt, in dieser Kirche muss es trostlos langweilig und dunkel sein. Gelangweilt schließt er sich den andern an, die durch das große Portal eintreten.

Dann hört man aber "Oh!" und "Ah!".

Klaus bleibt vor Entzücken der Atem weg. Lichte Farbenpracht überflutet ihn, denn die herrlichen, bunten Glasmalereien kommen erst dann zur Geltung, wenn man drinnen ist und das Licht von draußen hereinscheint. Nein, das hätte er nicht erwartet, als er draußen die Fenster suchte. Woher kommt bloß dieser Unterschied? Es ist das Sonnenlicht, das durch die Fenster scheint!

So ähnlich hat es Klaus schon einmal erlebt. Auch Annette und Sabine. Als sie dem Herrn Jesus noch nicht angehörten, dachten sie, das Leben der frommen Leute müsse doch langweilig sein. Immer in die Kirche gehen, immer beten und die Bibel lesen! Aber dann hatte der Heiland auch an ihr Herz geklopft und sie hatten ihm aufgetan. Klaus tat es im Sommerlager letztes Jahr, Annette in der Sonntagsschule und Sabinchen ganz allein mit Mama zusammen beim Bibellesen am Abend. Das hätten sie nie gedacht, dass es im Herzen so hell und froh wird, wenn Jesus, das Licht, hineinleuchtet!

"Da redete Jesus abermals zu ihnen und sprach: Ich bin das Licht der Welt. Wer mir nachfolgt, der wird nicht wandeln in der Finsternis, sondern wird das Licht des Lebens haben."

Johannes 8, 12

“Allzeit bereit”

“Mama, allzeit bereit!”, damit steht Klaus stramm, hebt die rechte Hand und legt den Daumen über den kleinen Finger zum Pfadfindergruß. Mit leuchtenden Augen und voller Eifer beginnt er das Pfadfindergesetz auswendig zu lernen.

“Weißt du Mama, wenn ich es am Samstag kann, bekomme ich die Uniform. Dann brauche ich nicht mehr mit meinem karierten Hemd neben den braunen 'Wölfen' herzugehen. Dann gehöre ich richtig dazu. Und mein neuer Name heißt: 'Jumbo'.”

Leise brummt er vor sich hin:

“Des Pfadfinders Wort ist wahr. Der Pfadfinder ist seinen Pflichten treu. Der Pfadfinder macht sich nützlich und hilft seinem Nächsten. Der Pfadfinder...”

Nach dem Mittagessen verteilt die Mutter die Arbeit: Sabine räumt den Tisch ab. Annette wäscht das Geschirr und Klaus trocknet es ab. – Jeder geht an seine Aufgabe. Nur Klaus verschwindet noch für ein Minütchen, bis Annette mit dem Geschirrwaschen angefangen hat.

Jetzt ist sie schon eine ganze Weile an der Arbeit und schon zweimal hat sie ihren Bruder gerufen. Das Tropfbrett ist voll Geschirr und Annette kann nichts mehr abstellen. Wo der Junge wieder stecken mag? Jeden Tag dasselbe Theater!

“Klaus!”, schreit sie zum dritten Mal ins Treppenhaus hinaus.

Mutter Singer hat die Situation erfasst. Sie geht selber auf die Suche nach dem Schlingel und findet ihn auf seinem Bett, faul ausgestreckt mit einem Buch in der Hand. Die Mutter schaut ihren Jungen einen Moment still an, dann sagt sie einfach: “Jumbo!”, und wendet sich zum Gehen.

Klaus hat verstanden.

“Allzeit bereit!”, denkt er. Daran denkt auch Mama.

“Es geht ja doch nicht!”, stöhnt Klaus.

“Was geht nicht?”, will Mama wissen.

“Das mit dem ‘Allzeit bereit.’. Wenn ich am Morgen aufstehe, sage ich mir: ‘Klaus, allzeit bereit!’. Schon eine ganze Weile versuche ich es, aber wenn es dann drauf ankommt, kann ich es doch wieder nicht.”

“Gott sei Dank!”, atmet die Mutter erleichtert auf und streicht Klaus über das krause Haar. Er schaut sie mit fragenden Augen an:

“Du findest es also gut, dass es nicht geht, Mama?”

“Nein, Klaus, das finde ich nicht gut; aber ich freue mich über deine Einsicht, dass du es allein und mit deiner eigenen Anstrengung nicht kannst. Wenn du aber den Herrn Jesus bittest dir zu helfen und dich rechtzeitig daran zu erinnern, dann wird es dir gelingen. Denk darüber nach:

'*Wer in mir bleibt und ich in ihm, der bringt viel Frucht; denn ohne mich könnt ihr nichts tun. Johannes 15, 5*' – nichts, nicht einmal freiwillig abtrocknen. Aber nun marsch! Hier ist das Geschirrtuch.”

Das Notbett

Heute Abend singt ein ausländischer Chor in der Kirche.

Man hatte es vorher anmelden können, wenn man einen Sänger zum Übernachten mit heimnehmen wollte. Obwohl Singers kein Gästezimmer haben, weil die Praxis einige Räume ihres Hauses beansprucht, hatte Mama Singer ihren Namen eingetragen. Sie sagt, mit etwas gutem Willen lasse sich das schon einrichten. Man habe ja auch noch ein Notbett, das für eines der Kinder im Wohnzimmer aufgestellt werden könne. Dieses Notbett ist natürlich kleiner und schmaler als ein gewöhnliches Bett und darum kommt nur Sabine, die Kleinste, in Frage, um darauf zu schlafen. Das ist so selbstverständlich, dass man gar nicht erst darüber spricht.

Heute Abend ist nun das Konzert. Nachdem der Chor seine wunderschönen Lieder vorgetragen hat, gehen Herr Dr. Singer und seine Frau nach vorn, um einen Sänger-Gast in Empfang zu nehmen. Es ist ein freundlicher, jüngerer Herr, der zu Hause auch zwei kleine Kinder hat. Man sitzt noch etwas beisammen, trinkt eine Tasse Tee und knabbert während des Plauderns kleines Gebäck. Aber als es nun spät wird, schlägt Frau Singer vor nun doch zu Bett zu gehen.

Sie führt den Gast wie vorgesehen in Sabines

Zimmer. Aber was für ein Anblick sich ihnen da bietet! Sabine liegt auf dem Bauch quer über dem Bett, den Kopf in den Armen verborgen und bewegt sich nicht. Gespannt verfolgen die andern, was das werden soll, aber Sabine rührt sich immer noch nicht. Schließlich sagt der Gast lachend:

"Vielleicht weint sie, weil sie mir das Bett abtreten sollte."

Das war natürlich ein Scherz, aber als er sich jetzt zu Sabine hinunterbeugt um zu untersuchen, was sich unter den verschränkten Armen tut, dreht sich diese heftig herum und streckt ihm zwei zappelnde Beine hin. Nun hört man auch deutlich, dass sie schluchzt. Der Gast wendet sich erschreckt an Klaus:

"Weißt du, was deine Schwester hat?"

Ja, er weiß es.

"Sie will nicht aus ihrem Zimmer.", sagt er offen. Das wirkt wie eine kalte Dusche auf den Gast, den man doch eingeladen hatte. Er ist peinlich berührt und murmelt etwas von "Leid tun" und "könnte ja auch im Hotel übernachten".

Während die Eltern das ungezogene Kind ausschelten, zieht sich der Besucher ganz geknickt ins Wohnzimmer zurück und überlegt, wie er dieser peinlichen Situation ein Ende bereiten könnte.

Aber da unterbricht Klaus seine Gedanken und sagt freundlich:

"Ich gebe Ihnen gern mein Zimmer. Es

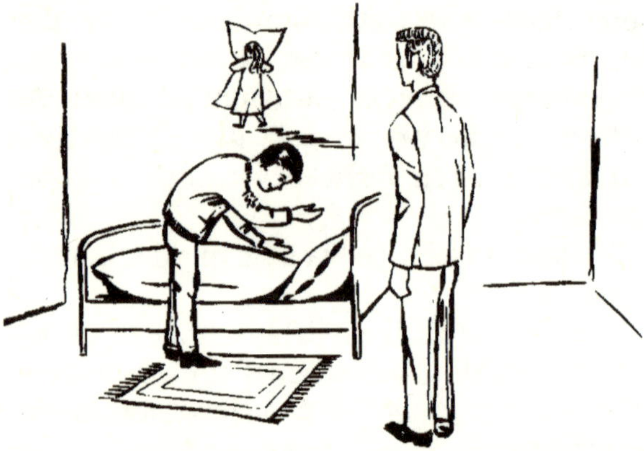

macht mir gar nichts aus auf dem Notbett zu schlafen, bei den Pfadfindern schlafen wir oft auf dem Boden."

"Gut!", sagt Papa, der unterdessen auch herzugetreten ist. "Sabine soll ihr Zimmer behalten und sich dabei tüchtig schämen."

Energisch schreitet er zurück und schließt ihre Tür unmissverständlich laut und heftig. Sabine versteht, dass sie jetzt von der übrigen Gesellschaft ausgeschlossen ist und man nicht mehr mit ihr rechnet. Ihre Gelegenheit ist vorbei.

Während die Mutter sich im Nebenzimmer eifrig mit Leinentüchern zu schaffen macht, liegt Sabine immer noch auf ihrem eroberten Bett und schluchzt nicht mehr – sie weint! Diesmal nicht, weil sie das Bett hergeben sollte, sondern weil sie spürt – auch wenn sie diesen

Gedanken nicht in Worte fassen kann – dass auf ihrem egoistischen Verhalten kein Segen ruht. So weint sie sich in den Schlaf.

Nachdem sich am nächsten Morgen der Gast verabschiedet hat, geht Klaus wieder auf sein Zimmer, um Ordnung zu schaffen. Aber was liegt da auf seinem Bett! Eine riesige Schachtel Pralinen. Ein Zettel liegt dabei mit den Worten:

"Für Klaus. Sprüche 11,24."

Klaus schnappt nach Luft. Diese große Schachtet soll ihm gehören? Womit hat er das denn verdient?

"Mama!", ruft er, "Schau dir das mal an!"

Auf seinen Ruf kommen mit der Mama auch die Schwestern gelaufen und alle bewundern das großzügige Geschenk. Nur Sabine hält sich im Hintergrund. Sie denkt:

"Das hätte auf meinem Bett gelegen, wenn..."

Aber sie denkt den Satz lieber nicht zu Ende.

"Schau mal nach,", fordert Mama Klaus auf, "was an dieser Stelle steht."

Sie reicht ihm die Bibel, die auf dem Nachttisch liegt.

"Spr...Spr...Sprü..., wo sind denn Sprüche?", stottert Klaus und blättert verzweifelt im Neuen Testament herum. Aber mit Mamas Hilfe findet er sie schließlich an ihrem gewohnten Platz nach den Psalmen und liest:

"Einer teilt reichlich aus und hat immer mehr; ein andrer kargt, wo er nicht soll, und wird doch ärmer."

Keiner sagt ein Wort. Alle sind tief betroffen. Das ist eine deutliche Sprache! Klaus hat ausgeteilt und wurde dadurch bereichert. Sabine sparte ihr Bett für sich und man braucht sie nur anzusehen um festzustellen, dass sie dadurch tatsächlich ärmer geworden war. Nicht nur, weil sie die Schokolade nicht bekam, sondern weil sie tief beschämt und unglücklich über ihr Verhalten ist.

Natürlich benutzt Papa am Abend dieses Wort aus den Sprüchen als Merkspruch und die ganze Familie erkennt einmal mehr, wie Recht die Bibel hat.

"Einer teilt reichlich aus und hat immer mehr; ein andrer kargt, wo er nicht soll, und wird doch ärmer."

Sprüche 11,24

Was Annette werden möchte

“Warum kommt Papa heute so spät zum Essen?”, wundert sich Mama. “Annette, geh schnell in die Praxis hinüber und schau nach!”

Kurz darauf ist Annette zurück und berichtet:

“Papa ist noch nicht fertig. Fräulein Eugster wollte schon um 16 Uhr frei haben und als Papa von den Besuchen zurückkam, waren die Instrumente noch nicht einmal ausgekocht. Nun muss er alles selber machen.”

Mama kann eine unwillige Bemerkung über die Arztgehilfin nicht ganz unterdrücken.

Als nun Papa endlich auch am Tisch sitzt, sprudelt Annette mit ihrem neuen Plan heraus:

“Das sag ich dir, Papa, wenn ich groß bin, lerne ich Krankenschwester. Dann komme ich zu dir in die Praxis zum Arbeiten. Und das versprech ich dir, ich lauf dir nie davon. Ich kann dann auch Wunden verbinden und dann hast du viel weniger Arbeit...”

In der nächsten Zeit spricht Annette oft von der Zukunft, die sie sich so schön zurechtgelegt hat.

Doch eines Tages geschieht etwas Überraschendes. Es läutet an der Tür. Annette öffnet. Erschrocken weicht sie einen Schritt zurück. Vor ihr steht ein blutüberströmter Mann. Sein Gesicht ist entstellt. Mit der rechten Hand hält er seinen blutenden Arm. Sein Hemd ist blutbefleckt. Annette ringt nach Atem, rennt ins

Haus zurück und schreit verzweifelt nach dem Vater. Dieser befiehlt ihr den Mann sofort ins Sprechzimmer zu führen und dabei begegnet sie ihm nochmals.

Kaum hat sich die Tür hinter dem Fremden geschlossen, löst sich der Schock und sie beginnt herzzerbrechend zu schluchzen. Sie weint und weint. Alles Zureden von Mutter und Sabinchen nützt nichts. Sie muss sich ausweinen und nur langsam erholt sie sich von dem schrecklichen Erlebnis. Immer wieder glaubt sie das Blut vor Augen zu haben und jedesmal schaudert sie neu zusammen.

Beim Gutenachtkuss für die Eltern bekennt Annette entmutigt:

“Papa, es tut mir schrecklich leid, aber ich kann wohl keine Krankenschwester werden. Ich kann ja gar kein Blut sehen.”

Während Papa sein Kind nachdenklich anschaut, fragt Mama:

“Mich wundert nur eines: Hast du denn den Herrn Jesus überhaupt einmal um seine Meinung gefragt? Dein Leben gehört ihm, dann darf er doch auch ein Wort zu deiner Berufswahl sagen, nicht wahr?”

“Ich habe überhaupt nicht daran gedacht.”, gibt Annette zu. “Aber wie kann ich denn wissen, was sein Wille ist?”

“Wenn du seinen Willen wirklich wissen und danach handeln willst, dann musst du den Heiland darum bitten und ihm dann vertrauen. Er wird in deinem Herzen alles klar machen und deine Schritte sicher lenken.”

“Des Menschen Herz erdenkt sich seinen Weg; aber der Herr allein lenkt seinen Schritt.“

Sprüche 16, 9

Eine, die alles wissen möchte

“Hast du Post bekommen?”, fragt Mama Annette, die in einen Brief vertieft ist.

“Er ist von Tante Anni.”, bemerkt Annette kurz, ohne den Kopf zu heben. “An dich?”, fragt Mama verwundert und nimmt ihr den Briefumschlag ab. Darauf liest sie: “Frau Dr. G. Singer”. Mama bleibt der Mund offen stehen. Annettes Verhalten übersteigt ihr Verständnis, aber schließlich holt sie tief Atem und fragt empört:

“Was fällt dir eigentlich ein, Annette? Dieser Brief ist doch an mich gerichtet! Gib ihn sofort her!”

“Aber er ist ja bloß von Tante Anni!”, widerspricht Annette gekränkt.

“So?”, empört sich Mama, “Was macht es denn aus, von wem der Brief ist? Tatsache ist, dass du meine Post öffnest und ohne zu fragen meinen Brief liest.”

“Ach, was kann denn Tante Anni bloß für Geheimnisse haben?”, bemerkt Annette verächtlich, “Sie schreibt doch an uns alle!”

“Annette!”, sagt Mutter nun in strengem Ton, “Ich wünsche, dass du meine Briefe in Ruhe lässt. Du hast Briefe, die an mich adressiert sind, weder zu öffnen noch zu lesen, von wem sie auch immer kommen. Verstanden? Übrigens – ist dir noch nie aufgefallen, dass ich dir die Briefe, die an dich adressiert sind, ungeöffnet überreiche? Ich respektiere deine Post. So halte es bitte auch mit den Briefen, die an deine Mutter gerichtet sind!"

Darauf weiß nun Annette keine Antwort mehr und zieht sich still zurück.

Als sie um 17 Uhr von der Schule nach Hause kommt, steht Teegeschirr und angeschnittener Kuchen auf dem Tisch.

"Hast du Besuch gehabt, Mama? Wer war denn da?"

"Frau Bolliger.", antwortet Mama. "Du kannst mir schnell helfen das Geschirr zu spülen, dafür bekommst du auch ein Stück Kuchen."

Und Mama schiebt es Annette schon als Vorauszahlung in den Mund.

"Was hat sie gewollt?", fragt Annette so nebenbei. Aber Mama will nicht damit herausrücken. "Hat sie etwas erzählt?", bohrt Annette weiter.

"O ja, viel.", gibt Mama zu.

"Worum ging es denn?", lässt Annette nicht locker. Aber Mama lässt sich nicht erweichen, sondern versucht abzulenken:

"Nun lass schon, kümmere du dich um deine Angelegenheiten."

Aber Annette versucht es nochmals:

"Dann hat sie es also schwer? Mit den Kindern?"

"Nun reichts, Annette!", empört sich Mama. "Ist es wirklich nötig, dass du überall deine Nase hineinsteckst?"

Da Annette aber unbedingt den Grund von

Frau Bolligers Besuch herausbekommen will, wagt sie noch einen letzten Versuch:

“Nicht mit den Kindern? Dann eben mit ihrem Mann! Das habe ich mir schon gedacht! Du hättest es mir gleich sagen können, ich wusste es schon!”

“Annette,”, die Mutter erhebt ihre Stimme, “hört diese Fragerei nun endlich auf? Wenn Frau Bolliger sich dir hätte anvertrauen wollen, dann hätte sie dir den Besuch gemacht. Würde es dir vielleicht gefallen, wenn ich etwas, das du mir anvertraust, andern Leuten erzählen würde?”

Annette sieht ein, dass nichts zu machen ist, zumindest nicht jetzt. Am nächsten Abend bei ihrer Heimkehr von der Schule findet Annette ihre Mutter am Schreibtisch beim Briefschreiben. Annette beugt sich zu ihr hinunter und gibt ihr einen Kuss. Dann tritt sie einen Schritt zurück hinter Mamas Rücken. Diese erkundigt sich wie gewohnt nach dem Ergehen in der Schule, bekommt aber nur einsilbige Antworten wie “gut”, “ja” oder “nein”. Schließlich dreht sich Mama fragend nach Annette um, denn sie ist sonst nicht an so knappe Antworten gewöhnt. Da trifft ihr Blick gerade Annettes Augen, die über ihre Schultern hinweg auf dem angefangenen Brief ruhen.

“Da haben wir es wieder!”, stellt Mama müde fest. “Ist es denn nicht möglich, dass du meine privaten Angelegenheiten achtest? Musst du denn immer deine neugierige Nase in alles stecken?”

“Ach, ich schaute ja bloß, an wen du schreibst. Das wird man wohl noch dürfen oder nicht?”, beschwert sich Annette.

“Wenn du nicht weitergelesen hättest, dann hättest du mir anständig auf meine Fragen antworten können.”, stellt Mama fest. Annette murmelt etwas von “empfindlich” und geht dann auf ihr Zimmer, um ihre vielen Schulaufgaben zu erledigen. Sie ist jetzt schon 14 Jahre alt und hat wirklich viel Arbeit, manchmal bis spät abends. Mama sorgt immer dafür, dass es nicht zu spät wird und Annette genug Schlaf bekommt. Darum geht sie während des Abends einmal in ihr Zimmer hinauf um nachzuprüfen, dass keine kostbare Abendzeit mit Unwichtigem vertan wird.

Als sie heute Abend in Annettes Zimmer kommt und an ihren Schreibtisch tritt, legt

diese schnell ihren Arm quer über ein beschriebenes Blatt, so dass Mama es nicht lesen kann.

"Schreibst du einen Brief?", fragt sie nur.

"Ja, ich schreibe an Beate.", sagt Annette, ohne den Arm zu heben.

"Hast du deine Aufgaben denn schon fertig?", vergewissert sich Mama und sagt auf Annettes bejahende Antwort: "Das ist gut, dann lass ich dich allein. Versprich mir, dass du um 22 Uhr das Licht löschst. Gute Nacht, mein Kind."

Erstaunt blickt Annette der Mama nach. Sie hatte erwartet, dass sie sich bestimmt einen Einblick in ihren Brief an Beate verschaffen wollte. Nun hat sie nicht einmal danach gefragt, sondern gesagt: "Dann lass ich dich allein!"

Als sie dann bei ihrer abendlichen Bibellese auf das Wort in Philipper 2,3 stößt, fasst sie einen Entschluss. Dort steht geschrieben:

"In Demut achte einer den andern höher als sich selbst."

Sie will lernen Mutter und ihre Angelegenheiten höher zu achten als bisher und ihre schreckliche Neugier abzulegen. Dazu braucht sie eine Portion Demut. Das steht nicht nur in diesem Vers, sie weiß es auch selber, dass ihr Stolz es nicht zuließ, irgendetwas nicht zu wissen. Darum bittet sie jetzt einfach den Herrn Jesus ihr zu helfen diese Neugier zu überwinden. Und sie weiß auch, dass dieses Gebet nach dem Willen Gottes ist und darum erhört wird.

Der saubere Korb

"Jetzt mach ich nicht mehr mit! Jetzt hab ich genug! Ich lerne keine Verse mehr! Ich verliere ja doch immer, weil ich die Verse nicht behalten kann!"

Diese Worte schreit Sabinchen verzweifelt über den Tisch. Aller Augen sind erstaunt auf die Kleinste gerichtet und der Mund bleibt ihnen über einem solchen Ausbruch offen stehen.

"Na..., na..." – das ist alles, was Papa herausbringt.

"Hab noch ein Weilchen Geduld!", ermutigt Mutti ihren kleinen Schatz, der sich so ungewohnt aufführt.

Aber Sabines ganze Erklärung ist, dass sie es ja schon gesagt habe; sie mache nicht mehr mit. Sie vergesse die Verse doch gleich wieder und immer würden die andern beim Gedächtniswettbewerb gewinnen. "Ich lerne keine Verse mehr!", sagt sie immer noch fest entschlossen.

Jetzt hat es geschaltet. Jeder hat verstanden. Papa kann ein lautes Auflachen nicht unterdrücken.

"Hör mal, Sabine!", wendet er sich an seine Jüngste, deren Mundwinkel sich immer mehr nach unten ziehen, als hätte sie mit den Tränen zu kämpfen. "Ich will dir eine Geschichte erzählen." Und Papa beginnt:

“In Indien lebte ein kleiner Junge – etwa so alt wie du, Sabinchen. Eines Tages sandte ihn seine Mutter an den Fluss, damit er Wasser hole und gab ihm dazu einen Korb in die Hand.”

“Ha, einen Korb,”, unterbricht Klaus, “da läuft ja alles durch!”

“Ruhe!”, befiehlt Papa und fährt fort: “Weil es ein gehorsamer Junge war, lief er zum Fluss, tauchte den Korb ins Wasser und hob ihn mühsam wieder heraus. Zwar lief ihm das Wasser die Beine hinunter...”

“Hab ichs nicht gesagt?”, funkt Klaus wieder dazwischen, aber Papa lässt sich nicht aus der Ruhe bringen:

“Aber er lief so schnell es ging dem Hause zu. Vergeblich. Er war noch nicht dort angekommen, da war der Korb schon leer. ‘Ich muss wohl schneller laufen!’, dachte sich der Kleine und lief zum Fluss zurück. Wieder tauchte er den Korb ins Wasser und zog die schwere Last hoch. Jetzt aber los! Er rannte so schnell ihn die Beine trugen, doch wieder war der Korb leer, bevor er zur Mutter kam. Aufgeben wollte er nicht und er versuchte es immer wieder. Schließlich war er sehr müde – und auch ein wenig entmutigt. Er schlenderte heim, streckte der Mutter den leeren Korb hin und sagte: ‘Mutter, der Korb hat Löcher, er kann das Wasser nicht behalten.’ Da lachte die Mutter: ‘Trotzdem danke, denn mein Korb ist jetzt sauber!’”

Die ganze Tafelrunde lachte laut.

“Der Korb ist dein Gedächtnis, Sabine. Das Wasser ist das Wort Gottes. Das steht in der Bibel! Wenn nun die Worte Gottes, die du auswendig lernst, nicht im Korb bleiben wollen, dann helfen sie doch deine Gedanken zu reinigen. Und wenn du etwas älter bist, kannst du die Verse, die wir zusammen lernen, auch behalten.”

“Er hat sie gereinigt durch das Wasserbad im Wort.”

Epheser 5,26

“Spieglein, Spieglein an der Wand”

Heute vor 15 Jahren haben Papa und Mama Singer geheiratet. An den Hochzeitstag wird jedes Jahr gedacht, aber der 15. Hochzeitstag wird gefeiert! Papa hat einen Fotografen bestellt, der ein Familienbild knipsen soll. “Ein fachmännisches.”, wie Klaus das nennt.

“Geh dich kämmen, Annette!”, bittet die Mutter. “Der Fotograf kann gleich kommen.” Annette verschwindet in ihrem Zimmer. Nach geraumer Zeit fragt Mama die Geschwister: “Wo bleibt wohl Annette so lange?”

“Du hast sie geschickt sich zu kämmen.”, erinnert sie Sabine.

“Aber so lange kann das doch nicht dauern!”, überlegt Mama und geht das Kind holen. Leise tritt sie in Annettes Zimmer. Und was für ein Anblick sich ihr da bietet: Annette sitzt vor ihrem Spiegel, den Kopf in die Hände gestützt und ist in die Betrachtung ihres Gegenübers versunken. Ihre Augen sehen besorgt drein und auf ihrer jungen Stirn liegt eine ungewohnte Falte.

“Annette?”, fragend holt Mutter sie aus ihrer Träumerei.

“Ich komme!”, schießt Annette hoch. Aber als sie in Mamas fragende Augen schaut, legt sie mit ihrem Kummer auch gleich los.

“Oh Mama, warum muss ausgerechnet ich so hässlich sein? Ich hätte so gerne schwarze

Locken anstelle dieser braunen Strähnen! Und meine Haut! Alles an mir ist grob! Du solltest die feine, reine Haut meiner Freundinnen sehen! Ich habe immer rote Backen. Das ist doch nicht fein! Und dieser krumme Zahn!" Jetzt hebt sie die Oberlippe und reibt über den Schaufelzahn, der etwas vorsteht und genau das gewisse "Etwas" ist, das Annette ein originelles Aussehen gibt.

"Was doch alles in diesem Köpfchen vorgeht!", wundert sich Mama.

“Nun hör doch bloß auf!”, unterbricht sie Annettes Redestrom. “Das ist ja alles nur erfunden! Manches Mädchen wäre sehr dankbar, sähe es aus wie du!” Damit nimmt sie die Unglückliche bei der Hand und bringt sie nach unten, wo unterdessen auch der Fotograf eingetroffen ist.

An den folgenden Tagen bekommt Mama immer wieder Bemerkungen zu hören wie: “Große, lange Augenwimpern müsste man haben.”, oder “Wenn nur die spitze Nase nicht wäre! – Wenn ich bloß Mariannes große Augen hätte, anstelle meiner Schweinsäuglein!”

Immer wieder hatte Mama versucht Annettes Bedenken und Kümmernisse zu zerstreuen, indem sie ihr versicherte, was für ein frisches, hübsches Gesicht sie habe und wie froh sie sein könne, dass sie dieses und jenes Übel nicht an sich herumtragen müsse. Manchmal glaubte sie Annette überzeugt zu haben. Aber immer wieder tritt Annettes Unzufriedenheit an den Tag.

Mama sieht nun ein, dass sie sich durch ihren Zuspruch nicht trösten lässt. Zwischendurch versucht sie es mit einer neuen Frisur. Vielleicht freut Annette sich wieder über ihr Aussehen, wenn es ganz verändert ist? Aber Annette bleibt enttäuscht. Sie vergleicht sich ständig mit den anderen und schneidet in ihrem Urteil immer schlechter ab. Dabei hätte sie wahrlich keinen Grund dazu, denn sie ist hübscher als viele andere Mädchen.

“Ob das wohl mit dem Alter zusammenhängt?", fragt Mama eines Abends Papa. Aber er hat keine Erfahrung in solchen Dingen.

Annette spürt zwar, dass sie sich etwas zurückhalten muss, um Mamas Unwillen nicht zu wecken, weil sie in letzter Zeit nicht mehr so zugänglich für ihren Kummer ist. Aber sie lässt doch hier und da eine Bemerkung durchschlüpfen, um Mama zu zeigen, dass sie immer noch auf ihrer Überzeugung beharrt.

Als nun heute Abend wie schon so oft Mama Annette wieder vor dem Spiegel antrifft und hören muss: "Wenn nur der Haaransatz nicht so weit unten wäre, dann hätte ich eine höhere Stirn!", da geschieht es: Mama platzt die Geduld. Sie packt ihr Mädchen recht unsanft an beiden Oberarmen und sagt in einem Ton, der keine Widerrede duldet:

"Nun ists genug! Schäme dich!"

Sie atmet tief und haucht hinter der abziehenden Annette noch: "Du undankbares Kind!"

Es läutet an der Tür.

Mama läuft die Treppe hinunter, um dem Briefträger zu öffnen, der einen großen Briefumschlag abgibt. Er ist vom Fotografen.

"Oh, das Familienbild!", freut sich Mama, holt aus der Schublade ein Messer, um das ersehnte Bild aus dem Umschlag zu holen. Sie hält es etwas von sich weg und betrachtet es aufmerksam. Dann setzt sie sich im Wohnzimmer in einen Lehnstuhl und studiert das Bild eingehend. Ihre Blicke wandern von einem zum andern. Papa sieht gut aus, wie auf den meisten

Fotos. Klaus ist auch gut geraten. Aus seinen blitzenden Augen schaut der ganze Lausbub heraus! Sabine mit ihren Sommersprossen und ihrem Stubsnäschen ist zwar keine Schönheit, aber es ist köstlich, wie sie das Lachen verkneift. Es tut der Mama wohl. Und da ist Annette. Sie ist wirklich hübsch, stellt Mama fest. Aber ihre Vorteile kommen gar nicht zur Geltung, weil sie unzufrieden und mürrisch dreinschaut. In ihren Augen leuchtet keine Wärme wie bei Sabine und Klaus. Und plötzlich muss Mama an das Wort aus den Sprüchen denken:

"Ein fröhliches Herz macht ein fröhliches Angesicht."

Das ist es, was hübsch macht! Nicht die Formen und Farben, sondern das, was das Herz ausstrahlt! Das muss sie Annette erklären. Sie steckt das Bild wieder in den Umschlag und geht hinauf in Annettes Zimmer. Diese hat sich hinter ihre Aufgaben gesetzt und schaut nun der Mama mehr beleidigt als erfreut entgegen. Aber Mama tut so, als wäre nichts geschehen, verbirgt den Umschlag hinter ihrem Rücken und sagt:

"Welche Hand willst du?"

Dass Mama nicht mehr böse ist, hat auch Annette besänftigt. Sie lenkt ein und sagt:

"Die linke!"

Nun reicht ihr Mama das Bild. Nach einer Weile fragt sie:

"Fällt dir etwas auf?"

Annette betrachtet das Foto lange. Sie weiß

ganz genau, worauf Mama hinaus will. Sie sieht es ja selber, dass ihr Schmollmund das Bild verdirbt. Jetzt setzt sich Mama auf die Tischkante, beugt sich zu ihrem Kind und sagt:

"Ein fröhliches Herz macht ein fröhliches Angesicht! Das steht in der Bibel. Schau, Annette, was du an dir nicht schön findest, liegt im Herzen. Du bist unzufrieden und das macht dich unschön. Was du da seit Wochen treibst, ist ein gefährliches Spiel!"

Während des Sprechens hat Mama in Annettes Bibel geblättert und streckt sie ihr jetzt offen hin. Mit dem Finger zeigt sie auf die Stelle und bittet:

"Da, lies."

Annette liest: "Weh dem, der mit seinem Schöpfer hadert. Spricht denn der Ton zu seinem Töpfer: Was machst du?" (Jesaja 45, 9)

Und Mama fährt fort: "Gott sagt zu Leuten, die mit ihrem Schöpfer unzufrieden sind: 'Wehe dir!' Gott hat dich so geschaffen wie du bist. Und er hat es gut gemacht. Mit deiner Unzufriedenheit lehnst du dich aber gegen Gott auf und das ist Sünde. Findest du es in Ordnung, dass Gott, der Herr, dir sagen muss: 'Wehe dir?'"

Nein, Annette findet das nicht in Ordnung. So weit hatte sie auch gar nicht gedacht, aber jetzt wird ihr auf einmal alles klar. Sie hat sich da in eine Auflehnung hineingesteigert, in der es ihr selber nicht mehr wohl war. Darum ist es ihr eine Erleichterung heute Abend Schluss damit zu machen.

Sie bittet den Herrn Jesus um Vergebung für ihre Unzufriedenheit. Ja, sie ringt sich sogar zu einem "Danke" durch, dass er sie so gut erschaffen hat.

Nun erlebt es Annette am eigenen Leib und ist darüber sehr erfreut:

"Ein fröhliches Herz macht ein fröhliches Angesicht."

Sprüche 15, 13

Die Herzverpflanzung

"Annette!", ruft Mutter ihre Älteste beiseite und streckt ihr einen Stapel zweideutiger Heftchen entgegen, Heftchen, die man nicht gewohnt ist im Doktorhaus zu lesen und die sie beim Bettenmachen unter Annettes Kopfkissen gefunden hat. Sie informieren über Stars, Schlagersänger, Kosmetik, bis hin zum Ausgefallendsten der heutigen Mode.

"Annette,", sagt Mutter nochmals, "woher hast du diese Heftchen?"

"Beate gab sie mir.", antwortet Annette, so als ob alles in Ordnung wäre.

"Dann bring sie Beate wieder zurück und sage ihr...", befiehlt Mutter mit strengem Ton, "sage ihr, dass dich das nicht interessiere."

"Aber es interessiert mich!", erwidert Annette bockig. Sprachlos lässt Mutter den Arm sinken:

"Was ist in dich gefahren, mein Kind?", kommt es nun fast tonlos aus ihr heraus.

"Aber Mutter,", gibt Annette zurück und Mutter spürt in der Stimme, dass es ihr ernst damit ist, "alle lesen das! Ich bin die einzige, die nie Bescheid weiß, die keine Schlager und keine Namen kennt, die nichts von der Hautpflege versteht und die immer so namenlos korrekt daherkommt. Übrigens wollte ich auch fragen, ob ich einen Tanzkurs besuchen darf. Beate darf auch." Wie ein Wasserfall sprudeln diese Worte aus Annette heraus, so als ob das Wasser schon lange gestaut gewesen wäre. Die tiefe Enttäuschung in Mutters Augen lässt Annette jetzt aber doch aufmerken und es tut ihr ein wenig Leid – sie hat Mutter nicht so kränken wollen.

Und als Mutter jetzt ganz traurig sagt: "Ich glaubte ganz sicher, dass dein Herz dem Herrn Jesus gehört.", da bestätigt Annette dies auch heftig.

"Natürlich, Mutti, ich will ihn schon in meinem Leben, aber deswegen kann ich doch keine Außenseiterin sein! Das andere gefällt mir eben auch."

"Dann hast du ein geteiltes Herz!", erklärt Mutter. "Die eine Hälfte gehört dem Herrn Jesus und die andere der Welt. Die Bibel sagt aber: 'Der Welt Freundschaft ist Gottes Feindschaft.' Du kannst nicht zugleich Gottes Freund und auch sein Feind sein. Und denk daran, ein halbes Herz ist nicht lebensfähig!"

In diesem Augenblick kommen die Geschwister heim und es ist Zeit zum Mittagessen. Annette ist froh. Nun muss Mutti schweigen. Vielleicht hätte sie noch länger 'gepredigt', wenn sie nicht gestört worden wären. Aber merkwürdig, der letzte Satz will Annette nicht aus dem Kopf. Sie versucht ihn zu vergessen, aber immer wieder hört sie:

"Ein halbes Herz ist nicht lebensfähig."

Die Nachmittagsstunden werden ihr die düsteren Gedanken sicher vertreiben, hofft Annette, denn heute werden sie Naturkunde haben und Herr Erb kann den menschlichen Körper so interessant erklären. Und richtig! Er bringt eine ungeheure Neuigkeit. Er erzählt von einem Mann in Südafrika, der herzkrank war. Er war so schwer krank, dass die Ärzte ihn aufgaben. Aber da lebte auch ein sehr geschickter Arzt – Annette ist ganz Ohr –, der zum erstenmal in der ärztlichen Geschichte versuchte dem Patienten das kranke Herz herauszunehmen und ihm ein junges, gesundes Herz einzupflanzen.

Mit Bildern erläutert Herr Erb seine Beschreibungen und zeigt den Kindern, wie das Blut durch den Herzmuskel gepumpt wird, welche Hälfte beim kranken Herzen nicht mehr mitmachte und wie das neue Herz wieder die ganze Arbeit übernahm. Und... hat Annette richtig gehört? Sagte Herr Erb nicht eben:

"Ein halbes Herz ist nicht lebensfähig!"

Annette könnte aufheulen. Muss denn dieser Satz "Ein halbes Herz ist nicht lebensfähig." sie den ganzen Tag verfolgen? Herrn Erbs Stimme dringt wie aus weiter Ferne an ihr Ohr. Annette horcht nicht mehr hin. Sie denkt an den Patienten: Er hätte sterben müssen. Aber da bekam er ein neues Herz. Jetzt lebt er. Ein halbes Herz ist nicht lebensfähig. Der Patient und ich, wir gleichen uns. Ich habe auch ein geteiltes Herz. Ich bin lebensunfähig. Ich bin für Gott unbrauchbar. Mutti hat Recht. Ich brauche ein neues Herz... So ringt sich Annette zu dem Entschluss durch: Ich will mit Gott in Ordnung kommen.

Sie übergibt dem Herrn Jesus ihr ganzes Herz und darf nun am eigenen Leib erfahren, was Gott seinen Kindern versprochen hat:

"Und ich will euch ein neues Herz und einen neuen Geist in euch geben... und will solche Leute aus euch machen, die in meinen Geboten wandeln."

Hesekiel 36, 26

Am Telefon

Das Telefon läutet.

“Mutti, ich nehme ab – ich bin schon da!”

“Ja, hier ist Annette Singer. Guten Tag, Beate, was gibts Neues? ... Einen Fez? Ein Sommernachtsfest? Ach so! – Ich weiß nicht recht. Ich war noch nie auf so einem Fest. ... Wer kommt denn alles mit? ... Die Jungen auch? – Nein, ich kann nicht tanzen. ... Tut mir Leid, wir haben solche Platten nicht. ... Wo soll das sein? ... Bei dem? Erlauben dir deine Eltern dahin zu gehen? ... Ich glaube nicht. ... Bis Mitternacht? Dann fahren ja keine Straßenbahnen mehr! ... Mein Vater wird mich dort nicht abholen wollen – und so spät! ... Nur mein Sonntagskleid. Und du? ... Übrigens gehe ich am Sonntag in die Sonntagsschule. ... Nein, ich könnte am Morgen nicht rechtzeitig aufstehen. ... Nein, auch als Ausnahme nicht, sonst verpasse ich den Zusammenhang. ...

Ein Spielverderber möchte ich nicht sein, aber ich denke... Ich weiß nicht... Ich passe nicht ganz dazu. ...

Es ist nicht nötig, dass ich meine Eltern frage. Sie denken wie ich. Du weißt doch, Beate, dass ich ins andere Lager gehöre. Ich denke nicht mehr daran auf beiden Seiten mitzumachen. Ich mache dir einen anderen Vorschlag: Geh doch auch nicht hin, sondern mit mir am Sonntagmorgen in die Sonntagsschule. ...

Da gibt es nichts zu überlegen. Um neun Uhr bin ich bei dir und hole dich ab. Abgemacht! Wiederhören!"

"Lasst euch nicht verführen! Schlechter Umgang verdirbt gute Sitten."

1. Korinther 15,33

Wie man Gott Geld schickt

"Dann sind wir Männer ja unter uns!", flüstert Papa Klaus ins Ohr und schmunzelt dazu. Mama ist müde, Annette hat noch Schulaufgaben zu erledigen und Sabine ist noch zu klein um mitzukommen. Nur Klaus darf Papa zu dem Missionsvortrag begleiten, bei dem es viele interessante Dias aus fremden Ländern zu sehen gibt.

Es sind viele Leute da und nur langsam drängt sich am Ende der Veranstaltung der Strom an einem Opferkasten vorbei durch die enge Tür ins Freie. Darum hat Klaus reichlich Gelegenheit den Leuten zuzuschauen, wie sie ihre Gaben in den Kasten werfen. Bei den einen klingt es hell und leicht, bei den andern schwer und dumpf.

Nun sind sie an der Tür und gespannt lauert Klaus auf Papas Handbewegung zum Opferkasten. Da bleibt Klaus der Mund offen und mit großen Augen blickt er fragend zu Papa auf. Aber er sagt nichts. Erst als sie im Freien und von der Menschenmenge etwas entfernt sind, bringt er heraus, was ihn so sehr beschäftigt.

"Papa, warum gibst du diesen fremden Leuten so viel Geld?"

"Woher weißt du denn, wie viel ich gegeben habe, du kleiner Detektiv?", fragt Papa erstaunt. "Du hast nichts gesehen und nichts gehört."

"Das ist es eben!", ereifert sich Klaus. "Eine

Münze hätte ich gehört, es muss eine Note gewesen sein und ... war es nicht eine blaue?"

"Da wird einem aber auf die Finger geschaut!", lacht Papa. "Reut es dich etwa?"

"N...nei...ja, schon ein wenig. So viel bekommen wir nie!"

Papa will nicht mit der Straßenbahn fahren, sondern zu Fuß nach Hause gehen. Das gibt ihm Zeit seinem Sohn seinen Standpunkt klarzumachen.

"Meine eigenen Kinder haben ein sauberes, warmes Bett.", beginnt er. "Sie haben einen Schrank voller Kleider. Sie können so viel essen, wie sie mögen. Wenn sie darüber hinaus vernünftige Wünsche haben, werden sie von ihren Eltern erfüllt. Aber nicht genug, sie bekommen noch Taschengeld, über das sie selbständig verfügen dürfen."

"Aber nicht besonders viel.", schmollt Klaus.
"Aber genug für vielerlei.", fällt ihm Papa ins Wort. "Und die Gabe, die ich eben eingelegt habe, schicke ich Gott."
"Wie kannst du Gott Geld schicken, Papa? Und wozu braucht er es denn? Die ganze Welt gehört ihm ja.", ereifert sich Klaus.
"Klar kann ich kein Geld in den Himmel schicken!", lacht Papa. Dann wird er ernst: "Was ich aber seinen Boten in der Mission gebe – oder auch für seine Gemeinde in unserem Land spende, damit sein Reich hier gebaut werden kann –, betrachtet Gott so, als ob ich es ihm selbst gegeben hätte. Was denkst du denn, wovon sich die Missionare ihre Kleider und ihr Essen kaufen, ihre Häuser und Kirchen bauen, ihre Medikamente anschaffen sollen, wenn nicht von unseren Gaben in der Heimat? Was wir an diesen Menschen tun, das tun wir für Gott. Verstanden?"
"Jawohl!" Klaus strahlt. "Kann ich mit meinem Taschengeld auch mithelfen, Papa?"

"Was ihr getan habt einem von diesen meinen geringsten Brüdern, das habt ihr mir getan."
Matthäus 25, 40

Wie du mir, so ich dir?

“Du bist ja so auffallend still, Annette!”, stellt Mutter am Mittagstisch fest. Das Mittagessen ist sonst immer der Moment, bei dem jedes Kind seine Erlebnisse vom Morgen zum Besten gibt. Das Mädchen zögert. “Nun,”, bricht Mama die Stille, “wie wars denn heute bei dir in der Schule?”

“Da ist etwas sehr Merkwürdiges passiert.”, beginnt Annette. “Therese, die neben mir sitzt, spricht seit Mittwoch kein Wort mehr mit mir. Sie dreht sich nur zur hinteren Bank um und schwatzt mit dem Mädchen, das hinter ihr sitzt. Wenn wir Pause haben, wartet sie nicht auf mich, sondern rennt mit diesem Mädchen davon. Wenn ich dann auch komme, tuscheln sie und lachen.”

“Aber fragst du sie denn nicht, warum sie sich so benimmt?”, will Mama wissen.

“Natürlich habe ich sie gefragt, aber sie hat sich nur von mir abgewandt und nichts gesagt.”, gibt Annette traurig zurück. “Aber ich weiß es jetzt trotzdem!”, fährt sie fort. “Ich nahm sie doch am letzten Mittwoch in die Kinderstunde mit. Die hat ihr gar nicht gefallen. Nach der Stunde schimpfte sie mich aus, dass ich solche Dummheiten glaube; sie wolle auf jeden Fall nichts mehr mit diesem frommen Zeug zu tun haben. Auch ihre Eltern hätten gesagt, das sei alles Blödsinn.”

“Aha!”, kommt es von Papas Seite. Er hat verstanden.

“Sie sagte auch noch,”, fährt Annette fort, “sie hätte mich bis jetzt als intelligent betrachtet, aber jetzt... und den Rest konnte ich mir denken. Seither will sie nichts mehr mit mir zu tun haben. Zuerst dachte ich, das gehe wieder vorbei, aber nun dauert es schon drei Tage und ich finde es nicht besonders angenehm.”

“War denn die Kinderstunde nicht in Ordnung?”, will Mama noch wissen.

“O doch!”, beteuert Annette. “Fräulein Gubler hat so gut erzählt und schöne Bilder dazu gezeigt. Wir haben auch gesungen und sie hat mit der Violine dazu gespielt. Daran kann es nicht liegen. Sie will einfach nichts davon wissen.”

“Aber das ist kein Grund zu einem solch ungehobelten Benehmen.”, lässt sich jetzt Klaus

vernehmen. “Der würde ich einmal eine runterhauen!”

“Dann haut sie nur zurück!”, warnt Sabinchen. “Ich würde sie auch nicht beachten und kein Wort mehr mit ihr sprechen. Dann merkt sie, wie das ist und bekommt bald genug.”

“Ich habe es mir noch anders ausgedacht!”, sagt Annette. “Ich glaube, Therese passt jetzt genau auf, wie sich eine Christin in einer solchen Lage benimmt. Ich möchte ihr zeigen, dass eine Christin sich anders benimmt, als es andere Leute machen. Vielleicht merkt sie dann, dass es mit dem Glauben etwas auf sich hat.”

Annettes Rechnung ging auf.

“Vergeltet nicht Böses mit Bösem oder Scheltwort mit Scheltwort, sondern segnet vielmehr, weil ihr dazu berufen seid, dass ihr den Segen erbt.”

1. Petrus 3, 9

“Was heißt ‘afterreden’?”

“Mutti, was heißt ‘afterreden’?”, fragt eines morgens Annette.

“Das heißt so viel wie schlecht voneinander reden. Warum?”, antwortet Mama.

“Ach, einfach so.”, gibt Annette zurück. “Ich las es heute morgen in der Bibel und wusste nicht, was es heißt.”

“Ja, ja.”, sagt Mutti, indem sie ernst mit dem Kopf nickt. “Der Herr weiß wohl, warum er uns vor diesem Übel warnt. Schau, immer wenn wir schlecht von jemandem zu andern reden, kommt es wieder auf uns zurück und das ist sehr unangenehm.”

“Schon gut,”, sagt Annette, “ich muss jetzt zur Schule, ich wollte ja nur wissen, was es heißt.”

Aber Mama fährt ruhig fort: “Und wenn du dich recht besinnst, musst du zugeben, dass das Schlechtreden über andere uns viel leichter von den Lippen kommt, als das Gute. Es gibt uns geradezu ein Wohlgefühl – bis die betreffende Person es herausbekommt!” Dann neigt sie sich zu Annette, um ihr einen Abschiedskuss zu geben und flüstert ihr dabei ins Ohr: “Wir wollen uns hüten vor dem Afterreden, nicht wahr?”

Im Klassenzimmer trifft sie Beate, diese Beate, vor deren Urteil sich alle fürchten und um deren Gunst doch alle werben. Welch eine Macht hat sie doch über die Klasse! Wehe dem, der bei ihr in Ungnade fällt!

Heute scheint sie Annette gut gesinnt zu sein, denn sie begrüßt sie freundschaftlich. Dann nimmt sie sie etwas beiseite und fragt:

"Was magst du eigentlich an dieser blöden Irene? Du brauchst dich doch mit dieser dummen Gans nicht abzugeben. Siehst du nicht, was für ein Kindskopf sie ist? Kannst ja in der Pause mit mir zusammen sein."

Annette unternimmt zwar einen schwachen Versuch ein gutes Wort für Irene, mit der sie sich bestens verträgt, einzulegen, aber da sich schon ein Schatten in Beates Gesicht zeigt, gibt Annette nach und findet Irene auch ein komisches Mädchen, mit dem man nichts anfangen kann.

Mittags trifft sie auf dem Heimweg mit Irene zusammen. Sie gehen den Weg ein Stück weit gemeinsam. Plötzlich wirft Irene die gefürchtete Frage auf:

"Weißt du, was Beate gegen mich hat?"

Annette wird verlegen. Soll sie es sagen? Warum eigentlich nicht? "Ja,", sagt sie, "ich weiß es. Beate meint, dass du ein Kindskopf bist."

Jetzt ist es draußen! Sie schielt ein wenig zu Irene hinüber um zu beobachten, wie sie es aufnimmt. Diese scheint sich aber nicht viel daraus zu machen. Sie antwortet nichts darauf, verabschiedet sich aber bald und geht auf einem anderen Weg nach Hause.

Doch Annette sieht nicht, was Irene in ihrem Herzen bewegt. Diese ist zutiefst getroffen! Sie sinnt darüber nach, wie sie Beate einen Gegenschlag versetzen kann und ihre Rachegedanken gehen auch zu Annette, die ihr diese freche Aussage so leicht hingeworfen hat, als wäre das nichts ein Kindskopf gescholten zu werden.

Ahnungslos kommt Annette am Nachmittag wieder in die Schule. Sie hat den Vorfall vom Vormittag schon beinahe wieder vergessen. Doch in der Pause wird sie tüchtig aus ihrer Ahnungslosigkeit geweckt, denn Beate kommt mit flammenden Augen auf sie zu und schreit sie an:

"Musst du denn alles, was man dir anvertraut, gleich weiterplappern? Wie du mich enttäuschst! Ich werde dir nie mehr etwas sagen. Du bist ja ein viel größerer Kindskopf als Irene! Es wäre wahrhaftig nicht nötig gewesen ihr alles frischweg zu sagen!"

Drohend kommen Beates Augen näher und deren Funkeln zeigt auf "Sturm". Also hat sich Irene gerächt und es Beate erzählt. "Afterredet nicht widereinander.", schießt es durch Annettes Kopf. Und Mamas Worte ertönen in ihrem Herzen: "Wenn wir schlecht von jemandem reden, kommt es auf uns zurück."

Aber schnell weist sie diese Gedanken zurück. Sie muss Beates Gunst wiedererlangen und entschuldigt sich darum:

"Sie hat mich eben ausgefragt, da konnte ich doch nicht anders, als ihr die Wahrheit zu sagen!"

"Oh, du mit deiner blöden Wahrheit!", widerspricht Beate. "Du hättest sagen können, du wüsstest es nicht. Wie stehe ich nun da! Bloßgestellt hast du mich, du Blöde, du!"

"Es kommt auf uns zurück!", tönt es immer noch in Annettes Herz. Aber das soll noch nicht das Letzte sein!

Fest entschlossen sucht Irene sie auf, pflanzt sich vor sie hin und sagt, indem sie die eben gehörten Worte aufs Beste wieder zu verwenden weiß:

"Musst du denn alles, was man dir anvertraut, gleich weiterplappern? Wie du mich enttäuschst! Ich werde dir nie mehr etwas anvertrauen! Es wäre wahrhaftig nicht nötig gewesen mich bei Beate zu verraten. Du hast mich ganz schön bloßgestellt! Wahrscheinlich bist du doch ein Kindskopf!"

Das sitzt. Der Teufelskreis ist geschlossen: Beate ist wütend auf Annette, Annette ist böse auf Irene, Irene ist erbost über alle beide und jede steht nun im Streit mit den beiden andern. Und wo hat es angefangen, fragt sich Annette

schließlich. Und sie muss sich eingestehen: beim Schlechtreden über einen anderen.

Oh, wie war es ihr heute morgen lästig gewesen, als Mama mit ihr darüber sprach. Sie wollte gar nicht recht hinhören. Aber Mutter hat Recht gehabt! Es fällt auf uns selber zurück.

In der Hoffnung etwas Genaueres im Zusammenhang mit diesem schweren Wort "afterreden" zu finden, schlägt sie am Abend im Bett die Stelle nochmals nach, die sie am Morgen gelesen hat. Aber diesmal nimmt sie die Bibel mit einer neueren Übersetzung und jetzt versteht sie es auch besser. Da steht:

"Verleumdet einander nicht, liebe Brüder.", oder "Redet nicht schlecht übereinander, Brüder!" Jakobus 4, 11; und leise fügt sie hinzu: "Ihr Schwestern!"

Aber wie soll nun alles wieder gut werden? Ihr ist klar, dass Wunden geschlagen wurden, weil sie nicht auf einen guten Rat hören wollte. Sie weiß aber auch, dass es nur ein Heilmittel für diese Art von Wunden gibt – die Vergebung. So bitter es ist, es bleibt ihr kein anderer Ausweg. Darum geht sie ihn tapfer. Sie bittet zuerst den Herrn Jesus und am nächsten Tag auch Irene um Verzeihung.

Dass der Heiland ihr vergeben hat, weiß sie, weil es in der Bibel steht. Und dass Irene ihr nicht mehr böse ist, das darf sie auch spüren.

"Verleumdet einander nicht, liebe Brüder!"
Jakobus 4, 11

Was hättest du getan, Klaus?

“Mama, Mama!” – plumps, die Haustür fällt ins Schloss –. “Mama!”, ruft Klaus und rennt die erschrockene Mutter, die ihm entgegeneilt, beinahe über den Haufen.

“Denk dir, Mama, der Fritz ist abgehauen!”

“Welcher Fritz? Was abgehauen? Beruhige dich und sag es der Reihe nach. Was ist geschehen?”, will Mama wissen.

“Also,”, beginnt Klaus, “der Fritz geht in meine Klasse. Du kennst ihn doch! Der ist abgehauen! Einfach so. Von zu Hause durchgebrannt.”

Klaus holt Atem um weiterzuerzählen. Aber es gibt nichts mehr zu sagen, als dass Fritz verschwunden ist und dass die Eltern es der Polizei gemeldet haben. Das ist ungeheuerlich und Klaus Phantasie macht die tollsten Sprünge nach dem “Warum” und “Wozu” dieses Abenteuers. Beim Mittagessen wird nur von Fritz gesprochen und die Vermutungen fliegen wie Tennisbälle über den Tisch hin und her. Auch die Eltern können sich nicht erklären, wie Fritz dazu kam von daheim wegzulaufen, denn er lebt in ordentlichen Verhältnissen und in einer guten Familie. Alles “wer weiß” nützt aber nichts und erst am nächsten Tag bringt Klaus genauere Nachrichten nach Hause.

“Man hat ihn erwischt!”, strahlt er. “An der Grenze. Und er war nicht allein; Thomas, der

Nachbarjunge, der drei Jahre älter ist als er, war bei ihm. Den haben sie auch. Ein Polizist ist hingefahren und hat sie auf dem Grenzposten abgeholt. Sie sind schon wieder zu Hause."

Papa glaubt bestimmt, dass Fritz von sich aus nicht weggelaufen wäre. Dieser Thomas musste hinter der Sache stecken. Was hatten sie wohl im Sinn gehabt? Und wieder wird die Geschichte hin und her besprochen. Nun sind alle auf den nächsten Tag gespannt, denn dann würde ja Fritz wieder in die Schule kommen und alles selber erzählen.

Aber er kommt nicht.

"Er schämt sich!", prahlt Klaus. "Alle wissen davon. Und was hat es ihm eingebracht?", folgert er. "Er darf nicht mit den Eltern und Ge-

schwistern in die Ferien fahren, sondern muss auf einem Bauernhof Geld verdienen, um seine eigene und die Reise des Polizisten zu bezahlen." Dann erzählt er weiter, was er von Fritzs Bruder erfahren hat.

"Fritz hat gar nicht mitgehen wollen. Aber Thomas hat ihn so lange gedrängt, bis Fritz nachgegeben hat."

"Klaus!", forscht nun Papa. "Was hättest du getan, wenn Thomas sich mit seinem Plan an dich gewandt hätte?"

Klaus schaut zum Fenster hinaus und denkt nach. Dann gibt er langsam zu:

"Wahrscheinlich hätte ich auch gerne ein solches Abenteuer erlebt. Aber – ich hätte dann doch nicht gewollt. Der Gedanke an euch hätte mich sehr unglücklich gemacht."

Merkwürdig, wie Papa immer weiß, wo er die Bibel aufschlagen muss, um den passenden Merkspruch zu finden:

"Mein Sohn, wenn dich die bösen Buben locken, so folge nicht. Mein Sohn, wandle den Weg nicht mit ihnen, halte deinen Fuß fern von ihrem Pfad."

Sprüche 1, 10. 15

Welche Blümchen wachsen besser?

Heute ist Donnerstag. Das ist der Doktorsonntag. An diesem Tag hat Papa frei. Das genießt nicht nur er, sondern die ganze Familie; heute besonders Sabine.

“Du darfst mir im Garten helfen!”, fordert Papa sie auf, indem er sich die grüne Gärtnerschürze umbindet. Gärtnern ist Papas Hobby. Er sagt, er erhole sich am besten im Garten. Und Mama ist froh; so ist ihr ein gutes Stück Arbeit abgenommen.

Die Beete hat er letzte Woche schon umgegraben und geebnet. Heute wird gesät. Aus der Stadt hat Papa verschiedene Tütchen mit Blumensamen heimgebracht. Sabine kann sich an den schönen Bildchen darauf kaum satt sehen und kann es nicht erwarten, bis all diese Farbenpracht einmal in ihrem Garten leuchten wird. Als ihr nun Papa noch anbietet ihr ein eigenes Eckchen im Garten zu überlassen, damit sie einmal eigene Blumen schneiden kann, hat ihre Begeisterung keine Grenzen.

Papa spannt von einem Ende des Beetes zum anderen Schnüre und zieht dann an dieser geraden Linie entlang mit einem spitzen Holz Furchen in die Erde. Sabine macht ihm alles nach. Sie schaut immer wieder zu ihm hinüber, um sich zu vergewissern, dass sie es richtig macht. Dann kommt der große Moment: Sie darf die Blumensamen für sich aussuchen! Sie entschließt sich von jeder Sorte ein paar zu nehmen, damit ihr Beet so bunt wie möglich wird. "Sieh, so musst du es machen.", sagt Papa und nimmt einige Samen in die Hand. Diese lässt er langsam durch die gespitzten Finger gleiten und verteilt sie gleichmäßig in die Furchen. Sabine macht es ihm nach, sehr, sehr sorgfältig. Wie nun alle Samen ausgesät sind, deckt Papa diese mit Erde zu und klopft mit der flachen Hand darauf.

"Warum tust du das, Papa?", wundert sich Sabine.

"Wir müssen den Samen gut in der Erde verstecken und die Erde etwas festigen, damit die Vögel nicht kommen und ihn herauspicken."

"Natürlich!", nickt Sabine, macht aber so staunende Augen über diese Möglichkeit, dass Papa lachen muss.

“Welche Blümchen, denkst du, wachsen besser:”, fragt Papa nun plötzlich, “Deine oder meine?”

“Wie kannst du nur fragen?”, antwortet Sabine bescheiden. “Deine natürlich! Du bist doch erwachsen und kannst es viel besser als ich!”

“So?”, überlegt Papa. “Aber du hast mir doch gut zugeschaut und es dann genauso gemacht wie ich!”, gibt er zurück. Aber Sabine bleibt bei ihrer Meinung, dass es doch selbstverständlich sei, dass Papas Blumen besser wachsen.

Papa denkt: “Sabine hat wirklich ein träges Denkvermögen. Ich muss ihr etwas nachhelfen.” Darum fragt er sie:

“Worauf kommt es denn an, auf die Hand, die den Samen in die Erde legt oder auf den Samen?”

Müde lässt Sabine sich auf das Steinmäuerchen nieder und legt die Hände in den Schoß.

“Auf die Hand oder auf den Samen?”, wiederholt sie fragend. “Ach so! Ja natürlich, das ist ein Unterschied!” Ihre Hand ist klein, Papas Hand ist groß. “Aber der Samen ist bei beiden gleich!”, überlegt sie.

Aber da unterbricht Papa schon ihre Gedanken und sagt: “Deine Samen waren aus dem gleichen Tütchen wie meine. Also?”, fragend wartet er, bis Sabine den Gedanken aufnimmt:

“Also werden alle Blümlein gleich schön wachsen.”

“Siehst du!”, freut sich Papa. “Es kommt

nicht auf die Hand an, sondern auf den guten Samen."

"Schau, Sabine, was wir heute im Garten getan haben, ist ein Bild für das, was uns Jesus in der Bibel erklärt, wenn er sagt: 'Der Same ist das Wort Gottes.' Wenn du jemandem vom Herrn Jesus erzählst oder wenn jemand in der Bibel liest oder eine Predigt über das Wort Gottes hört, dann ist das wie ausgestreuter Same. Der fällt dann in die Herzen..."

"Aber bringt keine Blumen hervor!", fällt ihm Sabine ins Wort.

"Nicht solche Blumen, wie wir sie gesät haben,", gibt Papa zu, "aber die 'Blumen', die Jesus meint, heißen Liebe, Freude, Friede und anderes mehr. Wenn wir Gottes Wort in unser Herz hineinlassen, dann bringt es all diese schönen Dinge hervor, die wir so gerne aneinander mögen. Und dann wird man im Doktorhaus wahrscheinlich weniger Streiten und Schimpfen hören. Ob nun ein großer Mann oder ein kleines Sabinchen den Samen ausstreut, darauf kommt es gar nicht an, sondern nur darauf, dass es der richtige Same ist, nämlich das Wort Gottes."

Jetzt hebt Papa den Finger in die Höhe und sagt: "Und dann sieh zu, dass dieser Same auch gut verwahrt wird, damit ihn dir die Vögel nicht wieder wegpicken!"

"Jetzt musst du nur noch sagen,", lacht Sabine, "dass das von den Vögeln auch in der Bibel steht!"

“Sieh mal einer an!”, staunt Papa. Er wusste gar nicht, dass seine kleine Sabine so kritisch ist. Aber wenn sie es schon wissen will, soll sie auch! Darum sagt er: “Jawohl, das steht auch in der Bibel, nur mit anderen Worten.”

“Ja, wo?”, tut Sabine ungläubig, “Das wäre aber ein schöner Zufall!”

“Das ist keineswegs ein Zufall, Kind, das will ich dir gleich beweisen.” Damit gehen sie ins Haus hinein und nachdem er sich die Hände gewaschen hat, nimmt er seine Bibel vom Bücherbrett und schlägt sie bei Lukas 8 auf. Er sagt: “Hier ist die Rede von den Leuten, die das Wort gehört und dadurch den guten Samen in ihr Herz haben fallen lassen. Dann heißt es: ‘Danach kommt der Teufel und nimmt das Wort aus ihrem Herzen, damit sie nicht glauben und selig werden.’. Siehst du, ich habe nur statt Teufel ‘Vögel’ gesagt, aber es kommt auf dasselbe heraus.”

Am nächsten Sonntag gehen die Geschwister zusammen zur Sonntagsschule. So ungern Sabine Verse auswendig lernt, so gerne hört sie Geschichten und auch heute ist sie wieder tief beeindruckt von dem Gehörten. Sie will es unbedingt auch lernen Gott so zu vertrauen wie Abraham es tat.

Auf dem Heimweg treffen sie Therese. Das ist das Mädchen, das gegen Annette so frech war, nachdem sie Annette einmal in die Kinderstunde begleitet hatte. Sabine hat keinen guten Gedanken für sie übrig, denn wenn jemand gegen Annette frech ist, hat er es auch mit ihr verspielt. Therese betrachtet die drei Geschwister von oben bis unten und mit einem verächtlichen Blick auf die Liederbüchlein, die sie tragen, spuckt sie auf den Boden. Das ist zu viel für Sabine.

"Du dumme Kuh!", ruft sie ihr nach und sie hätte noch etwas viel Schlimmeres gewusst, wenn Annette sie nicht durch einen Puff in die Rippen davon abgehalten hätte. Sie faucht:

"Schweig! Das geht dich gar nichts an. Therese geht in meine Klasse, ich werde allein mit ihr fertig! Du brauchst dich gar nicht immer in alles einzumischen."

"Oh du!", gibt Sabine zurück, "Du bist gar nicht meine Mutter, brauchst nicht so wichtig zu tun!" Klaus mischt sich auch noch in den Streit und schließlich kommen alle drei übel gelaunt nach Hause.

Sabine hält diese Spannung allerdings nicht lange aus. Im Wohnzimmer findet sie Papa. Langsam geht sie auf ihn zu, schlingt ihre Arme um seinen Hals, legt ihre Stirn an Papas Stirn und indem sie auf den Boden starrt, sagt sie:

"Papa, die Vögel haben meinen Samen weggepickt." Und ein paar dicke Tränen rollen ihre Wangen hinunter.

Obwohl Papa sofort begriffen hat, fragt er, indem er Sabines Wangen trocknet:

"Was meinst du damit?"

"Ach Papa,", seufzt sie, "du weißt doch! Den guten Samen hatte ich schon im Herzen. Dann stritten wir uns auf dem Heimweg und jetzt ist alles weg!"

"So?", staunt Papa. "Glaubst du denn jetzt also an das Gleichnis vom Samenkorn, das wir pflegen und behüten müssen? Ich geb dir einen Rat!" Sabine nickt willig. "Geh jetzt zu Annette", fährt Papa fort, "und sag ihr, dass dir deine harten Worte Leid tun. Dann wird Gott uns trotzdem einen gesegneten Sonntag schenken."

"Danach kommt der Teufel und nimmt das Wort aus ihrem Herzen, damit sie nicht glauben und selig werden."

Lukas 8, 12

Die Teigschüssel

Am Samstag abend backt Mama Singer jeweils einen Sonntagskuchen. Diese Augenblicke in der Küche sind für die Kinder nicht wie die anderen während der Woche. Eine beinahe feierliche Stimmung herrscht um den Küchentisch. Während im Badezimmer das Wasser in die Wanne rauscht, schauen die drei Geschwister der Mama zu, wie sie den Teig mischt – und hier und da flitzt ein Finger dazwischen, der sich schnell mit seiner Beute in einem Mund verbirgt. Hm! Der Kuchen ist zwar auch gut, aber der Teig erst! Der ist viel besser ! Immer häufiger halten die Schleckfinger Mutters Kelle beim Rühren auf, so dass sie schließlich Maßnahmen ergreifen muss. Sie verteilt kleine Aufgaben, um die Störenfriede loszuwerden und verspricht einen Rest in der Schüssel zurückzulassen.

"Aber wer bekommt dann die Schüssel?", möchte Sabine wissen.

"Abwechselnd, jeden Samstag ein anderer!", schlägt Mama vor. Aber dass Sabine jedesmal drei Wochen warten soll, bis die Reihe an sie kommt, treibt ihr beinahe die Tränen in die Augen. Annette, die sich schon groß vorkommt, verzichtet darum freiwillig. Nun ist es schon besser, es bleiben nur noch zwei Wochen.

"Weißt du was, Sabine?", schlägt Klaus vor, "Wer jedesmal zuerst daran denkt, der ruft:

'Teigschüssel besetzt' und der bekommt sie. So hast du die Gelegenheit jedesmal dranzukommen, falls du frühzeitig daran denkst."

Sabine ist begeistert. Nun kann sie ganz leicht zu viel mehr Teig kommen, als sie es jemals mit dem Finger schaffen würde. An ihre Vergesslichkeit denkt nur Klaus. Sie hingegen traut sich alles zu! Aber Samstag um Samstag wiederholt sich die gleiche Tragödie. Das eine Mal brüllt Klaus wie ein Stier aus dem Badezimmer: "Schüssel besetzt!" Das andere Mal sagt er freundlich und mit einem süßen Lächeln schon beim Frühstück: "Sabine, Schüssel besetzt!"

Manchmal denkt er auch nur knapp vorher dran, wenn Mama in der Küche verschwindet. Aber er ist immer der Erste. Sabine ist immer die Letzte!

Was kann man da nur machen? Die ganze Woche über denkt sie an die Teigschüssel, aber am Samstag geht sie ihr immer aus dem Sinn. Sie hat sich schon beinahe mit dem Trostlöffelchen Teig abgefunden, das ihr Mama jeweils in den Mund steckt und sich daran gewöhnt, dass sie nun einmal die Letzte ist.

Eines Abends erzählt Papa beim Essen: "Denkt Kinder, heute habe ich mir ein Auto angeschaut, auf dessen Hinterseite der Spruch stand: 'Die Ersten werden die Letzten sein!' Weiß jemand, wo das steht?"

Sabine hat nur etwas von Ersten und Letzten gehört und schreit wie verzweifelt:

"Teigschüssel besetzt!" Erschreckt fahren alle

hoch und wissen nicht, wie ihnen geschieht. Papa packt Sabine am Arm und fragt sie:

"Was sind das für Unarten so zu schreien und uns alle zu erschrecken."

Aber Mama lacht. Sie versteht! Sabines Siegesglück wird durch Papas Schimpfen nicht beeindruckt. Wie warme Wellen überflutet sie die Freude. Sie ist vor Siegesglück zu keiner Erklärung mehr fähig. Glückselig strahlt sie nur im Kreis herum und ist dankbar, dass Mama Papa über ihren Anfall aufklärt.

Und nun schauen alle auf Klaus. Der sitzt mit langem Gesicht daneben und hat seine Mühe damit sich vom Schock zu erholen. Er war doch immer der Erste! Er hatte, so schien es ihm, das Alleinrecht auf diesen Platz. Er war doch ganz sicher, dass Sabine es vergessen würde. Er hatte auch gar nicht mehr so sehr aufgepasst, denn Sabine schien für ihn keine Gefahr mehr zu sein. Und nun das!

Das Mienenspiel der beiden Kinder ist so köstlich, dass niemand mehr ernst bleiben kann. Sie lachen alle los, schließlich sogar auch Klaus.

Nachdem sich die kleine Bande beruhigt hat, meint Papa dazu:

"Der junge Mann im Auto kennt wahrscheinlich die Bibel, denn Jesus hat einmal dieses Wort gesagt. Er sprach dabei von Menschen, die Jesus nachfolgten und sich ganz sicher waren, dass sie einen ersten Platz im Himmel bekommen werden, weil sie alles für Jesus verlassen hatten. Aber Jesus sagte zu ihnen: Passt mal auf! Erste werden Letzte und Letzte werden Erste sein! Leute, die sich so sicher glauben wie Klaus mit der Teigschüssel, sind gar nicht mehr aufmerksam und lassen in der Liebe und Nachfolge des Herrn oft nach. Da kann es vorkommen, dass Leute, die erst kürzlich zum Glauben kamen, eine solche Liebe und einen solchen Eifer für die Sache des Herrn haben, dass sich die 'Ersten' oder die alten Christen schämen müssen.

Nun, Klaus, die Teigschüssel soll uns allen eine Warnung sein, dass wir uns nicht auf unsern alten Glauben verlassen und denken, wir hätten das Ziel schon erreicht, sondern wir wollen jeden Tag wachsam sein, damit es von uns, die wir den Herrn Jesus schon lange kennen, nicht einmal heißen muss: Sie sind Letzte geworden!

Ich schlage vor, dass wir diesen Vers heute Abend auswendig lernen:

'Aber viele, die die Ersten sind, werden die Letzten und die Letzten werden die Ersten sein.'

Matthäus 19,30"

Das Versprechen

Das ist selten geworden: Papa macht Klaus mal wieder einen "Gutenachtbesuch". Eifrig stößt Klaus seine Bettdecke zurück, um für Papa auf dem Bettrand Platz zu machen.

"Eine Geschichte?", fragt er erwartungsvoll.

"Nein, eine Frage.", bekommt der verdutzte Junge zur Antwort.

Schnell kämmt Klaus sein Gedächtnis nach eventuellen Untaten durch. Aber es fällt ihm nichts ein, nach dem Papa fragen könnte.

"Was denn, Papa?", fragt er darum gespannt.

"Erinnerst du dich,", beginnt Papa freundlich, "dass wir vor einigen Monaten in einer Missionsstunde waren? Nur wir zwei!"

Gewiss erinnert sich Klaus, so, als wäre es gestern gewesen!

"Erinnerst du dich,", fährt darum Papa fort, "dass wir auf dem Heimweg darüber sprachen, wie man Gott Geld schicken könne?"

"Du sagtest,", führt Klaus die Erinnerung weiter, "dass das Geld, was man einem Kind Gottes oder einem seiner Diener gibt, so ist, als hätte man es Gott gegeben. Du sagtest etwas von 'geringeren Brüdern' oder so."

"Ach so.", lacht Papa. "Ich sagte wahrscheinlich den Vers, der in der Bibel steht: 'Was ihr getan habt einem dieser meiner geringsten Brüder, das habt ihr mir getan.'"

“Das wars genau!”, bestätigt Klaus.

“Du hast wirklich ein prächtiges Gedächtnis!”, staunt Papa. “Dann erinnerst du dich sicher auch, wie du von dem Gedanken Gott Geld zu schicken begeistert warst und dich bereit erklärtest mit deinem Taschengeld mitzuhelfen?”

“Ach so?”, tönt es etwas schwach aus dem Kissen. Aber Papa fährt gleich fort:

“Und nun meine Frage: Hast du dein Versprechen einmal eingelöst?”

“Ach siehst du,”, antwortet Klaus etwas zögernd und besorgt: “das ist gar nicht so einfach. Da sind eine Menge Dinge, die vorher noch erledigt werden müssen.”

“So?”, staunt Papa. “Was denn?”

“Da war zuerst einmal das teure Fahrtenmesser für die Pfadfinder. Das muss man nun einmal haben, wenn man mitmachen will.”

“Und was denn noch?”, möchte Papa wissen.

“Ja, dann war da das Bastelbuch mit dem Flugzeugmodell. Das war auch schön teuer. Ich musste das große, ausführliche nehmen, weil dort alles genau beschrieben ist.”

“Und dann?”, beharrte Papa auf seiner Frage.

“Dann kam das Material zum Flugzeugbau. Das kostet eine ganze Stange Geld! Daran hatte ich zwei Monate zu schwitzen. Und immer entdecke ich noch Zubehör, das mir fehlt, und das meine Kasse belastet.”

“Armer Junge!”, entfährt es jetzt Papa und

ein wenig Spott spielt in seiner Stimme mit. Aber gleich wird er wieder ernst und fragt:

"Und dann?"

Nun hat es Klaus satt.

"Hör mal, Papa,", erklärt er entschieden, "wenn ich einmal alles habe, was ich brauche, dann mach ich gerne mit und gebe einen Teil meines Taschengeldes für Gottes Sache ab. Du wirst noch ein paar Wochen warten müssen, dann ist es so weit."

Damit hofft Klaus den ungemütlichen Frager endgültig zum Schweigen gebracht zu haben.

"Musstest du denn ein so teures Flugzeug bauen, mit all dem Drum und Dran?", bohrt Papa weiter. "Hast du noch nie bemerkt, dass ein erfüllter Wunsch immer einen neuen Wunsch nach sich zieht? Wenn du dir den einen erfüllt hast, kommt dir gleich noch etwas Besseres in den Sinn, das du bei der nächsten Gelegenheit bekommen könntest. Du wirst nie zufrieden sein. Es geht immer so weiter. Da könnte der Herr Jesus noch lange warten, bis er an dir einen Mitarbeiter bekommt, denn deine Wünsche stehen ja immer an erster Stelle. Ich glaube ihn würde ein Verzicht, sagen wir, ein Opfer, viel mehr freuen, als eine Gabe, die dich nichts kostet."

"Oh Papa,", stöhnt Klaus, "ich hätte viel lieber eine Geschichte gehabt!"

"Nur noch ein Wort dazu: Vergiss nicht, dass du Gott etwas versprochen und nicht gehalten hast. Das ist so etwas wie ein gebrochenes Gelübde. Die Bibel ermahnt uns aber: ‘Erfülle dem Höchsten deine Gelübde.’ Und wenn wir darin treu sind, heißt es weiter: ‘Und rufe mich an in der Not, so will ich dich erretten.’ Siehst du, wenn du dein Versprechen Gott gegenüber hälst, ist er jederzeit auch bereit dir zu helfen, wenn du in Not bist.”

Mit einem freundschaftlichen Klaps auf die Schulter sagt Papa: “Gute Nacht, Klaus. Und vergiss nicht:

‘Erfülle dem Höchsten deine Gelübde.’
Psalm 50, 14.”

Tut Gott heute noch Wunder?

Wieder einmal kommt Annette bedrückt aus der Schule heim – diesmal ist der Biologielehrer schuld daran. Das wollen die Eltern aber nicht gleich hinnehmen und bitten ihre Älteste um eine genaue Erklärung, damit sie feststellen können, ob die Schüler ihren Ärger nicht doch selber verschuldet haben:

"Er hält uns eine Blume hin,", beginnt Annette, "fragt nach dem Namen, der Blüte, den Blättern, dem Stiel. Wenn alles genannt ist, wirft er sie in den Papierkorb und nimmt die Nächste dran. In Windeseile fliegt eine Blume nach der andern in den Papierkorb und wir kommen überhaupt nicht dazu uns Notizen zu machen. Der Lehrer sagt, wir seien mit dem Unterrichtsstoff weit zurück und müssten uns beeilen. Am Freitag haben wir eine Prüfung."

Mit Empörung in den Augen schaut sie von Mama zu Papa und erwartet nun auch ihre Zustimmung. Aber Papa meint nur trocken:

"Dann lernt man die Blumen eben zu Hause, was ist denn dabei?"

Jetzt braust Annette aber auf.

"Ich habe kein Buch mit Wiesenblumen. Andere waren vor mir in der Bibliothek, um sich eins zu holen. Und hier haben wir ja auch keins. Woher soll ich die Blumen nehmen?"

Das leuchtet allerdings auch den Eltern ein und darum werden verschiedene Möglichkeiten zu den Blumennamen zu kommen besprochen; doch ohne Erfolg. Man ist ratlos und verstummt. Sogar Sabinchen respektiert die Stille.

Doch da lenkt Mama wieder einmal mit einer Idee ein, die sonst niemand gehabt hat:

"Wir bitten den Herrn Jesus,", sagt sie, "dass er ein Wunder für dich tut, Annette. Irgendetwas, das dir ermöglicht den ganzen Stoff zu lernen."

"Das müsste allerdings ein großes Wunder sein!", erwidert Annette etwas ungläubig. "Wie stellst du dir das denn vor?"

"Das weiß ich auch nicht!", gibt Mama lachend zu. "Wenn ich es wüsste, könnten wir uns selber helfen und es wäre kein Wunder mehr. Tatsache ist, dass Kinder Gottes in der Not zu Gott rufen dürfen. Wie er dann helfen will, ist seine Sache. Uns überlässt er das Zuschauen und Sich-Wundern. Glaubst du das, Annette?"

Mama bekommt als Antwort nur ein unbestimmtes "Hm". Papa hingegen findet diese Sache plötzlich recht spannend.

"Wollen wir dem Herrn Jesus nicht einmal eine Unmöglichkeit zutrauen?" Seine Begeisterung steckt auch die Kinder an. Auch Annette, obwohl etwas zögernd, entschließt sich dem Heiland zu vertrauen.

Am Nachmittag wird Annette von Frau Blumer, der Nachbarin, aufgehalten und auf einen Sprung in ihre Wohnung gebeten.

"Ich habe heute Morgen mein Büchergestell

aufgeräumt", sagt sie, "und dieses Blumenbuch gefunden."

Annette schnappt nach Luft!

"Möchtest du es haben?", fragt die gütige Frau. "Du bist doch jetzt in dem Alter, in dem man sich mit Botanik beschäftigt."

Das Wunder ist geschehen! Alle dreißig Wiesenblumen sind in dem Buch abgebildet und beschrieben. Annettes Herz fließt über vor Dankbarkeit und noch vor Frau Blumers Haus verspricht sie dem Herrn Jesus ihm auch in Zukunft zu vertrauen.

Nun steht Annette aber noch eine harte Arbeit bevor. Sie schließt sich in ihr Zimmer ein und lernt verbissen. Beim Abendessen kann sie melden:

"Jetzt kann ichs!"

Ja, lernen musste sie es freilich selber. Gott tat das Wunder und Annette ihre Pflicht! Nun konnte es nicht mehr schiefgehen.

"Es ging gut, Mama!" Glücklich lachend springt Annette am Freitagabend der Mutter um den Hals. "Ich hatte eine Eins! Der Lehrer sagte, es sei eine ausgezeichnete Arbeit gewesen. Nun weiß ich, Mama, dass Gott heute noch Wunder tut."

"Rufe mich an in der Not, so will ich dich erretten und du sollst mich preisen."

Psalm 50, 15

"Selig sind, die nicht sehen und doch glauben."

Johannes 20, 29

Sabines Rechnung geht nicht auf

Still vergnügt noch unter dem beglückenden Eindruck des gestrigen Erlebnisses mit der gelungenen Botanikprüfung, gehen heute alle Singers, groß und klein, ihrer Arbeit nach. Selbst die kleine Sabine macht kein Aufhebens von ihren Schulaufgaben, für die sie gewöhnlich Mutters oder Annettes Hilfe anfordert. Sie geht ihnen im Gegenteil aus dem Weg und benimmt sich möglichst ruhig. Erst beim "Gutenachtsagen" wird der Mutter dieses ungewöhnliche Benehmen bewusst und von böser Ahnung befallen, fragt sie Sabine:

"Kind, hast du eigentlich deine Aufgaben gemacht?"

Sabinchen spitzt verlegen ihren Mund und weil sie nicht zu antworten weiß, gibt sie einige unverständliche Laute von sich. Aber jetzt beharrt Mutter energisch auf sofortiger Antwort, denn sie ist sicher, dass etwas nicht in Ordnung ist.

"Nur heraus mit der Sprache!", fordert sie die Kleine auf, die umsonst versucht sich aus der straffen Umklammerung von Mutters Hand zu lösen:

"Ja...j...nein. Mutti, Mutti, bitte nicht schimpfen! Ich habe stattdessen gebetet und morgen werde ich alles können. Der Herr Jesus wird für mich auch ein Wunder tun!"

Nun ist das Staunen auf Mutters Seite. Entsetzt ruft sie:

"Kind, du bist von Sinnen!"

"Aber wieso denn, Mutter?", fragt Sabine mit unschuldiger Miene, "Gestern haben wir doch für Annette um ein Wunder gebetet und dann hat sie am nächsten Tag alles bekommen und die Prüfung bestanden. Sollte der Heiland es denn bloß für sie tun?"

"Aber du vergisst,", erklärt nun die Mutter, "dass Annette das Wunder brauchte, weil sie

kein Buch zum Lernen hatte und dass sie für die Prüfung den ganzen Nachmittag hart arbeiten musste. Das Wunder bestand nicht darin, dass sie nichts zu tun brauchte, sondern dass Gott ihr im richtigen Moment das rechte Buch schenkte.

Und nun werde ich dich morgen früh eine Stunde früher wecken müssen, damit du deine Aufgaben nachholen kannst und damit du nie vergisst, dass der Herr Jesus dem Faulen nichts gelingen lässt."

"Seid getrost und arbeitet! Denn ich bin mit euch, spricht der Herr Zebaoth."

Haggai 2, 4

Ist die Bibel wahr?

Eben hat Papa die Bibel zugeschlagen und die Abendandacht beendigt. Man sitzt noch einen Moment gemütlich zusammen ohne zu sprechen – glücklich, in der Geborgenheit der Familie.

Da unterbricht Annette die Stille und fragt unvermittelt:

"Woher weiß man denn, dass die Bibel wahr ist?"

Erschreckt fragt Papa: "Wie kommst du darauf, Annette?"

"Ach,", antwortet sie wegwerfend, "der Pfarrer hat uns im Unterricht gesagt, man könne die Bibel nicht so genau nehmen. Vieles sei Legende."

"So?", staunt Papa, "Was denn zum Beispiel?"

Annette ist um eine Antwort nicht verlegen: "Zum Beispiel die Geschichte von Jona. Es ist wissenschaftlich nachgewiesen, dass es erstens nicht möglich ist, dass ein Fisch einen lebendigen Menschen verschluckt und zweitens, dass der Mensch in dessen Bauch drei Tage lang leben kann!"

Einen Augenblick bleiben alle still und betrachten Annette erstaunt. "Übrigens steht diese Geschichte im Alten Testament und man kann ihrer Überlieferung ja nicht ganz sicher sein.", fügt Annette hinzu.

"Aber würdest du sie glauben,", fragt nun

Papa, “wenn der Herr Jesus sie selber im Neuen Testament erzählen würde?”

“Ja, das wäre schon ein wenig anders, aber sie steht nun einmal im Alten Testament!”, antwortet Annette.

Papa schlägt seine Bibel, die er immer noch in der Hand hält, nochmals auf und liest aus Matthäus 12, 40:

“Jesus spricht: Denn wie Jona drei Tage und drei Nächte im Bauch des Fisches war, so wird der Menschensohn drei Tage und drei Nächte im Schoß der Erde sein.”

“Der Herr Jesus nimmt also Jona als Vergleich für die Zeit, da er begraben sein wird.”, erklärt Papa. “Glaubst du, dass er eine Märchenfigur als Vergleich für sein eigenes, heiliges Leben nimmt? Was sagst du dazu?”

Aber Annette sagt überhaupt nichts. Sie wusste ja nicht, dass im Neuen Testament darauf Bezug genommen wird. Sie sollte vielleicht ihre Bibel etwas öfter lesen, denkt sie.

Aber trotzdem beharrt sie auf ihrer Aussage: "Es handelt sich ja auch nicht nur um Jona. Von vielen Geschichten weiß man, dass sie nicht wahr sind. Der Herr Pfarrer hat doch schließlich studiert, er muss es doch wissen!"

Mama und die Geschwister wagen sich nicht einzumischen. Sie überlassen Papa das heiße Thema, denn alle spüren, dass hier ein Feind in ihre Geborgenheit eindringen will.

"Dein Pfarrer", fährt Papa darum fort, "hat auf der Universität von einem ungläubigen Professor seine ungläubigen Gedanken mitbekommen. Diese sagt er euch weiter und du schwatzt sie nach. Dabei hast du selber schon wunderbare Erfahrungen auf Grund der Bibel gemacht. Denk doch an das Wunder mit dem Blumenbuch!" Nach einer Weile fährt er fort: "Sag mal, Annette, wo hört das Märchen denn auf und wo fängt die Wahrheit an?"

Darauf war Annette nicht vorbereitet, und sie sagt etwas verlegen:

"Das weiß ich doch auch nicht so genau."

"Und dein Pfarrer weiß es auch nicht!", sagt Papa entschieden. "Darum ist es ein gefährliches Spiel, das ihr da treibt. Ist denn die Geschichte von Jesus am Kreuz wahr oder gehört sie zur Legende?", fragt Papa ernst. "Wenn sie als nicht wahr bezeichnet würde, dann hätten wir niemanden mehr, der uns unsere Sünden vergibt und uns den Weg zum Himmel öffnet."

"Nein, nein,", wehrt nun Annette ab, "so ist das natürlich nicht gemeint!"

"Aber", fragt Papa, "wie weißt du denn, ob es wahr ist oder nicht?"

Annette ist verwirrt. Wie soll sie auch antworten? Sie sieht ein, dass, wenn man einmal anfängt, am Worte Gottes zu zweifeln, man ins Uferlose kommt und einem damit alle Gewissheit geraubt wird. Es ist viel gefährlicher, als sie zuerst dachte. Aber schnell hat sie sich wieder gefangen und wagt nochmals:

"Aber, Papa, die Bibel wurde doch von Menschen geschrieben, die sich auch irren können und deren Phantasie durchbrennen kann."

Klaus lauscht gebannt. Ob Papa wohl auch darauf antworten kann?

"In früheren Zeiten", fährt dieser fort, "offenbarte sich Gott seinem Volk durch Propheten, durch Träume und sogar durch Engel. Aber für unsere Zeit hat er uns seine Gedanken in einem Buch geschenkt. Natürlich brauchte er Menschen, um es zu schreiben. Aber er selber gab ihnen ins Herz, was sie schreiben mussten."

"Wieso weißt du das?", fragt Annette.

"Weil ich es in der Bibel gelesen habe." Und wieder schlägt Papa eine Stelle auf und liest: *'Alle Schrift ist von Gott eingegeben.' 2. Timotheus 3, 16.*"

"Das würde heißen,", sagt Annette, "dass diese Schreiber nicht ihre eigenen Ideen und Gedanken aufschrieben?"

"Genau das!", bestätigt Papa erleichtert. "Auch Petrus bezeugt in seinem Brief: *'Und das sollt ihr vor allem wissen, dass keine Weissagung in der Schrift eine Sache eigener Auslegung ist. Denn es ist noch nie eine Weissagung aus menschlichem Willen hervorgebracht worden, sondern getrieben von dem Heiligen Geist haben Menschen im Namen Gottes geredet.'* 2. Petrus 1,20.21"

Doch Annette ist immer noch nicht überzeugt. Sie stöhnt beinahe:

"Aber wie kann ich denn wissen, ob Petrus hier Recht hat?"

"Das arme Kind!", denkt Mama. "Jedes meiner Kinder wird drankommen und sich zu einer klaren Haltung zur Bibel durchringen müssen!"

Aber Papas Stimme unterbricht ihre Gedanken:

"Annette, die Bibel ist zu nehmen oder zu lassen. Wer sie nimmt und kindlich glaubt, der hat damit alles gewonnen. Wer sie lässt und nicht glaubt, der hat alles verloren. – Was Mama und mich betrifft, wir nehmen sie wie sie dasteht. Dadurch haben wir einen Heiland, der uns rettet, uns unsere Sünden vergibt, uns das ewige Leben schenkt und uns sehr, sehr froh macht. Wie du...", und jetzt schaut er in der Runde herum, "wie ihr es halten wollt, müsst ihr selber entscheiden."

In der Sofaecke ist es ganz still geworden.

Jeder hängt seinen Gedanken nach. Annette fühlt sich auf einem schlüpfrigen, steilen Weg und möchte sich festhalten, bevor sie ausgleitet. Als sie sich innerlich nach diesem Halt ausstreckt, bekommt sie ihn auch durch ihren Papa, der das Wort liest, das er unterdessen aufgeschlagen hat:

"Wenn jemand etwas hinzufügt, so wird Gott ihm die Plagen zufügen, die in diesem Buch geschrieben stehen. Und wenn jemand etwas wegnimmt von den Worten des Buches dieser Weissagung, so wird Gott ihm seinen Anteil wegnehmen am Baum des Lebens und an der heiligen Stadt, von denen in diesem Buch geschrieben steht. Offenbarung 22, 18. 19."

"Wie gut,", denkt Annette, "dass ich mit den Eltern über meine Zweifel gesprochen habe. Wenn es eine so gefährliche Sache ist etwas vom Wort Gottes wegzunehmen, dann will ich mich doch lieber an die ganze Bibel halten."

Alle, nur ich nicht!

“Bitte, bitte, allerliebste Mutti,”, bettelt Sabine, “bitte darf ich heute Nachmittag Kniestrümpfe anziehen? Schau mal, wie die Sonne scheint! Es ist so heiß draußen! Du glaubst nicht, wie!”

Tatsächlich glaubt die “allerliebste Mutti” das auch nicht, denn sie ist an diesem sonnigen Märzmorgen einkaufen gegangen und hat unterwegs den Kragen hochgeschlagen und gedacht: “Trotz der Sonne noch so ein kalter Schneewind!”

Sie sagt darum entschieden: “Nein, Kind, so heiß ist es nicht. Ihr Kinder glaubt immer, wenn die Sonne scheint, sei es schon Sommer. Gut, dass eine Mutti da ist, die es besser weiß. Wie schade, wenn du dich jetzt noch erkälten würdest!”

Aber damit lässt sich Sabine nicht abweisen. Von der Hitze draußen kann sie Mutter zwar nicht überzeugen, aber sie hat ein anderes Mittel:

“In meiner Klasse tragen alle Kniestrümpfe, nur ich nicht!”, schmollt sie.

“Alle?”, forscht Mutter, und ihre Augen suchen Sabines Augen.

“Wie peinlich!”, denkt Sabine. So genau hat sie das ja nicht geprüft. “Auf jeden Fall fast alle!”, gibt sie etwas nach.

Mutter überlegt eine Weile und lässt die Kleine dabei nicht aus den Augen. Dann fasst sie einen Entschluss.

Um vier Uhr, bei Schulschluss, steht Mutter vor Sabines Klassenzimmer.

“Wie, du kommst mich abholen Mutti? Wie schön!”

Glücklich und etwas stolz tänzelt sie um die Mutter herum, die sie freundlich bei der Hand nimmt. Dabei macht Mutter aber keine Anstalten heimzugehen. Sie bleibt ruhig stehen und lässt keines der Kinder an sich vorbeigehen, ohne es gemustert zu haben.

“Kommst du?”, drängt Sabine und will Mutter mit sich fortziehen.

“Gleich.”, antwortet diese kurz.

“Wartest du auf jemanden, Mama?”, möchte Sabine wissen. Und wieder bekommt sie zur Antwort nur ein knappes: “Ja!”

Es wird Sabine etwas ungemütlich. Ob Mutter wohl mit dem Lehrer sprechen will?

"Der Lehrer ist schon fort.", klärt sie die Mutter auf.

"Ich warte nicht auf den Lehrer!", antwortet diese. Jetzt sind die Kinder schon fast alle weggelaufen. Nur noch zwei Mädchen sind im Klassenzimmer geblieben. Mama bleibt unbeweglich stehen, bis auch diese gehen und sie einen Blick auf ihre Beine werfen kann. Dann nimmt sie Sabines Hand fester in die ihre und sagt: "Komm!"

Sabine weiß nicht, was sie von all dem halten soll, wagt auch nicht zu fragen. Doch jetzt spricht Mutter endlich:

"Drei Kinder deiner Klasse hatten Kniestrümpfe an. Ihr seid 32 Kinder. Sind das alle?"

Jetzt wird Sabine die Sache klar. Das wars, was Mutter in der Schule wollte. Dass sie nicht eher darauf kam! Kleinlaut versucht sich Sabine zu verteidigen:

"Ich habe ja gesagt 'fast alle'."

"Drei von 32 sind auch nicht 'fast alle'.", stellt Mutter fest und fährt fort: "Sabine, dafür gibt es nur ein Wort: gelogen!"

"Es war doch nur ein wenig übertrieben!", versucht sich Sabine herauszureden. Aber Mutti bleibt fest:

"Ob es eine dünne oder dicke Unwahrheit ist, ist nicht so wichtig. In Gottes Augen sind beide einfach eine Lüge. Und jetzt wollen wir heimgehen und den Heiland um Vergebung bitten für die Lüge und ihn bitten, dass er meinem Kind hilft immer bei der Wahrheit zu bleiben."

"Darum legt die Lüge ab und redet die Wahrheit, ein jeder mit seinem Nächsten."

Epheser 4, 25

Wie kommt man bestimmt in den Himmel?

Maria besucht dieselbe Klasse wie Sabine. Nicht nur das, sie sitzt auch in derselben Bank mit ihr. Zudem sind Maria und Sabine nicht nur gute Freundinnen, sondern sie sind auch tüchtige Flüstertanten und oftmals ruft der Lehrer den einen oder anderen Namen auf, um Ruhe zu schaffen. Da Maria und Sabine den gleichen Heimweg haben, gibt es bald auch kaum noch Geheimnisse zwischen ihnen, denn sie schwatzen und erzählen sich, was ihnen auch immer durch ihren Mädchenkopf geht. Maria ist katholisch. Sie besucht den Unterricht beim Herrn Vikar und geht auch regelmäßig zur Messe und zur Beichte.

Nun, für Sabine ist alles, was sie durch Maria davon erfährt, eine ganz fremde Welt, die sie ständig in Spannung hält. Immer mehr möchte sie davon wissen. Durch Sabines Neugier angestachelt, erzählt Maria drauflos und beschreibt ihrer Freundin immer wieder von den Handlungen und Gebräuchen ihres Glaubens.

"Und dann kommt ihr in den Himmel?", fragt Sabine manchmal plötzlich, wenn Maria von einer erfüllten religiösen Pflicht erzählt.

"Vielleicht.", sagt dann Maria oder "Ich hoffe es."

Sabine scheint es jedoch so zu sein, als ob Maria sich ihrer Sache nie ganz sicher wäre.

Heute erfährt Sabine etwas ganz Neues, das sie sehr beschäftigt. Maria hat ihr von ganz frommen Katholiken erzählt, oft sind es Mönche oder Nonnen, die ganz sicher sein wollen, dass sie in den Himmel kommen. Darum fügen sie zu all den anderen guten Taten noch etwas ganz Besonderes hinzu, das ihnen helfen könnte ihre Sünden vergeben zu bekommen und ihnen den Himmel zu sichern. Von Zeit zu Zeit schlagen sie sich selber mit einer Geißel auf den Rücken.

"Aber das tut doch weh!", wendet Sabine erschreckt ein.

"Klar!", triumphiert Maria. "Das soll es ja auch. Das sieht der liebe Gott und hat Erbarmen und vergibt ihnen ihre Sünden."

"Und kommen sie dann in den Himmel?", versichert sich Sabine.

Maria glaubt es ganz bestimmt.

Sehr nachdenklich geht Sabine heute nach Hause. Sie will ja schließlich auch in den Himmel kommen. Ihre Eltern haben ihr aber noch nie etwas von dieser Möglichkeit gesagt. Vielleicht kennen sie sie gar nicht, denkt sie. Sie will aber lieber gar nicht davon sprechen, sie könnten vielleicht anderer Meinung sein. Und jetzt fasst sie einen Entschluss, über den sie nicht einmal mit Maria sprechen will. Nur versuchsweise!

Sie holt sich aus dem Keller einige Schnüre, schneidet sie alle gleich lang und bindet sie oben zu einem Knoten zusammen. Am anderen Ende jeder Schnur aber befestigt sie einen Nagel. Das ist nun ihre Geißel. Ohne bemerkt zu werden, bringt sie sie in ihr Zimmer und legt sie unter ihr Bett. Am Abend, nachdem Mama mit ihr gebetet, ihr einen Gutenachtkuss gegeben und das Licht gelöscht hat, macht sich Sabine nochmals leise aus den Federn und angelt im Dunkeln unter dem Bett nach ihrem Foltergerät. Ihr Herz klopft fast hörbar.

Ob sie es wagen soll? Ob es weh tut? Zögernd greift sie nach dem Knoten, der die "gepanzerten" Schnüre zusammenhält und schwingt diese sanft über die Schulter auf den Rücken. Ha, das hat nicht weh getan! Sie muss etwas stärker schlagen. Sie holt nochmals aus. Jetzt hat sie etwas gespürt! Aber weh hat es noch nicht getan. Das ärgert sie. Sie möchte, es täte ihr weh, aber sie hat nicht den Mut, fest zuzuschlagen. Klaus würde das schon erledigen, wenn sie ihn darum bitten würde. Aber das wird sie wohl bedacht nicht tun!

Nun kommt ihr ein glänzender Gedanke: Sie macht den Rücken frei. Jetzt wird es echt! Zuerst noch zaghaft, dann aber schlägt sie immer etwas fester. Oho, jetzt hat sie es ganz schön gespürt! Prima! Nochmals. So, das tut aber ein wenig zu weh. Fürs erste Mal ist Sabine zufrieden. Gott hat es gesehen. Er wird Erbarmen haben und ihr ihre Sünden vergeben. Befriedigt schläft sie ein.

Am nächsten Tag, als Mama Sabines Zimmer putzt, verfängt sich unterm Bett etwas im Besen. Mit großen Augen bestaunt Mama die Bastelei aus Schnur und Nägeln und fragt sich, was Sabine wohl für ein Vergnügen damit haben könnte.

"Seit wann legst du deine Spielsachen unter dein Bett?", fragt die ahnungslose Mama Sabine beim Mittagessen. Sabine errötet leicht und hebt nur die Schultern, als wüsste sie nicht, wovon Mama spricht.

Als Mama aber am nächsten Tag dieselbe Schnurgeschichte hinter den Büchern auf dem Büchergestell findet, wird sie nachdenklich. Warum versteckt Sabine dieses Ding? Sie möchte wissen, was das ist und wozu Sabine es braucht. Auf ihre Frage danach verweigert ihr

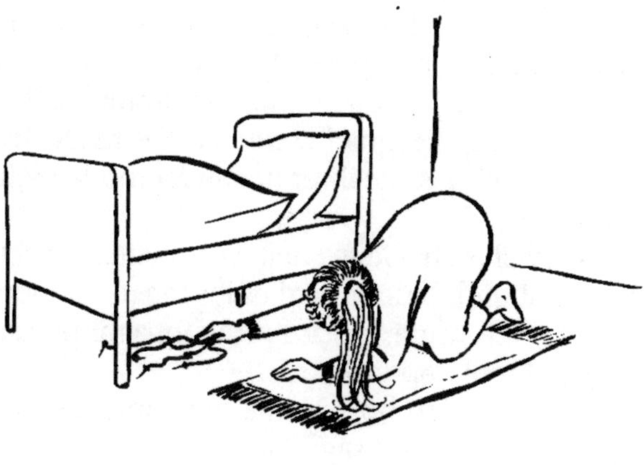

aber Sabine geradewegs die Antwort. Das hat sie noch nie getan. Was mag dahinterstecken?

Beim Gutenachtkuss sagt Mama darum:

“Sabine, wenn du ein gutes Gewissen hast mit dem, was du mit diesen Schnüren tust, dann behalte das Geheimnis für dich. Wenn du aber nicht sicher bist und kein gutes Gefühl dabei hast, dann sage es mir.”

Damit lässt sie Sabine im Dunkeln zurück.

Die Kleine kann nicht einschlafen. Sie denkt scharf nach. Nicht mehr so sehr über ihre neue “Erkenntnis”, sondern darüber, ob sie ein gutes Gefühl hat oder nicht. Warum soll sie mit Mama nicht darüber sprechen? Hat sie ein reines Gewissen? Und... kommt man so in den Himmel, indem man sich schlägt? Darüber hat sie noch nie einen Vers in der Bibel gelesen. Ihr wird heiß. Sie wirft die Decke zurück und dreht sich unruhig hin und her. Sie quält sich mit der Frage herum: “Wie kann ich bestimmt wissen, ob ich in den Himmel komme?” Sie muss sich zugestehen, dass sie ihrer neuen Methode nicht ganz traut.

Sie will sich Gewissheit verschaffen, noch heute Abend. Mutter wird es ihr sagen können. Sie ist noch wach, sie sitzt im Wohnzimmer unter der Stehlampe.

Nachdenklich hört Mama die ganze Geißel-Geschichte an und sagt dann:

“Ich bin froh, Kind, dass du es mir gesagt hast. Sag mal, glaubst du, dass der Herr Jesus dich lieb hat?”

"Ja sicher!", sagt Sabine entschieden.

"Du glaubst aber doch nicht, dass er dir Schmerzen bereiten will?"

"Aber Maria hat gesagt,", antwortet Sabine, "dass es wegen unserer Sünden sei, die wir büßen müssen."

"Erinnerst du dich,", fragt nun Mama, "wie Jesus vor Pilatus stand, wie man ihn verspottete und geißelte? Das tat ihm sehr weh. Er hatte es ja auch gar nicht verdient, denn er hatte ja noch niemals gesündigt. Aber er ließ es geschehen und ertrug die Schmerzen, damit wir nicht mehr gegeißelt werden müssen. Dann ging er sogar noch bis ans Kreuz und starb an unserer Stelle. Wir hatten ja die Strafe verdient, denn wir haben gesündigt. Aber er sagte: 'Nein, ich will nicht, dass Sabine Singer leidet. Ich nehme ihre Strafe auf mich!', und dann starb er, damit Sabine in den Himmel kommen kann."

"Aber Maria hat gesagt,", entgegnet Sabine mit fragenden Augen, "dass man nie genau wissen kann, ob man wirklich in den Himmel kommt."

"Hat Maria das gesagt?", fragt Mama freundlich und fährt fort: "Aber Gott hat in der Bibel gesagt:

'Fürwahr, er trug unsere Krankheit und lud auf sich unsere Schmerzen. Wir aber hielten ihn für den, der geplagt und von Gott geschlagen und gemartert wäre. Aber er ist um unserer Missetat willen verwundet und um unserer Sünde willen zerschlagen. Die Strafe liegt auf ihm, auf dass wir

Frieden hätten, und durch seine Wunden sind wir geheilt.' Jesaja 53, 4–6."

Sabine starrt vor sich hin und überlegt. Dann sagt sie plötzlich:

"Bitte, Mama, nimm die Geißel. Ich will sie nicht mehr haben. Es ist mir lieber so, wie Gott es gesagt hat."

Das Blumenbild

Zum ersten Mal ist Annette heute bei ihrer Freundin Evi eingeladen. Wie schön hier alles ist, die weichen Teppiche und die feinen Möbel! Evi hat ein eigenes Zimmer, ganz nach ihren Wünschen eingerichtet. Annette kommt nicht aus dem Staunen heraus. Über Evis Schreibtisch entdeckt sie ein Bildchen, das ihr ehrliches Entzücken auslöst. Es ist aus richtigen, getrockneten Blümchen und Gräslein gearbeitet.

"Woher hast du das?", will Annette wissen.

"Aus dem Heimatwerk;", antwortet Evi, "es war schrecklich teuer, 20 Franken!"

Oh, so viel Geld hat Annette nicht, aber der Entschluss reift in ihrem Herzen: "Ich mach mir selber eins."

Beim nächsten Familienspaziergang steckt sie eine Plastiktüte in die Tasche und immer wieder bleibt sie hinter den andern zurück, weil sie links und rechts vom Weg Gräslein, Blättlein und Blümlein sammelt. Alles wird sorgfältig in die Tüte gelegt. Der Tag ist schon recht warm und der Weg weit und alle sind froh, als sie am Abend daheim ankommen und sich ausruhen können.

Sie erfrischen sich zuerst und schon bald ruft Mama zum Abendessen. Darum legt Annette ihre Plastiktüte vorerst noch in ihr Zimmer. Nach dem Essen will sie mit dem Pressen der Blumen beginnen.

Aber – welche Enttäuschung! Als Annette die Blümchen aus dem Sack schüttelt, ist alles nur ein Knäuel von krausem Grün, das einen trostlosen Anblick bietet. Die Blümchen sind verwelkt! Der Traum des Kunstwerkes ist ausgeträumt. Was Annette in den Händen hält, ist gerade noch gut genug für den Abfalleimer.

“Sei nicht traurig, Annette!”, sagt Papa und wischt seiner Ältesten zwei Tränen von den Wangen. “Zum Trost erzähle ich dir heute Abend eine Geschichte, wenn du dich beeilst ins Bett zu kommen.”

Das lässt Annette sich nicht zwei Mal sagen.

Papa kann wunderbar erzählen. Aber zuerst will sie wissen:

"Papa, ist die Geschichte wahr?"

"Bitter wahr!", ist Papas vielsagende Antwort. Und bald beginnt er:

"Ich war 14 Jahre alt, jung, frisch und gesund, so wie deine Blumen und Gräser, als sie heute Morgen noch auf der Wiese standen. In einer Missionsstunde sprach der Herr Jesus zu meinem Herzen und bat mich ihm mein Leben für die Mission zu weihen. Ich hatte mir jedoch fest vorgenommen Arzt zu werden und hier eine Praxis zu führen. Somit passte Gottes Ruf gar nicht in meinen Plan. Ich konnte ihm ja nebenamtlich auch dienen! Aber eine Praxis wollte ich haben. Und ich bekam sie. Ich habe Geld verdient und habe viel davon der Mission geschenkt und sonst in der Gemeinde manchen Dienst getan. Aber es war nicht das Beste, sondern das Zweitbeste, das ich dem Herrn gab. Ich wurde nie wieder froh über dem Gedanken, dass ich dem Herrn das Beste versagt hatte. Nun schau her: Ich habe schon weiße Schläfen, ich werde älter, fühle mich nicht mehr so stark, dafür eher oft müde... so wie ein welkes Blümchen."

Jetzt fasst seine große Männerhand Annettes Kinn und er schaut ihr in die Augen:

"Was kann man mit verwelkten Blümchen tun, Kind?"

"Nichts, Papa!", sagt Annette mit Überzeugung.

“So ist es”, bestätigt Papa. “Ich kann dem Herrn nicht mehr in der Mission dienen, ich bin nicht mehr fähig in den Tropen zu leben und mag keine Fremdsprachen mehr lernen. Aber du, Annette, du bist noch jung und frisch. Gott will aus deinem Leben – wie du aus deinen Blümchen – etwas Wunderschönes machen. Ob er dich in die Mission schickt, weiß ich nicht. Wichtig aber ist, dass du ihm dein Leben schon früh schenkst.”

“Frühe will ich mich zu dir wenden und aufmerken.”

Psalm 5,4

Sabine bestraft sich selbst

Mutter ist gerade dabei eine Telefonnummer zu wählen und freut sich über ihre fleißige Annette, die im Nebenzimmer ihr Mozartstück auf dem Klavier schon so flott spielt. Während sie auf Antwort von der anderen Seite des Drahtes wartet, hört sie plötzlich scharfe Misstöne, wie von einem wütenden, kleinen Kobold mitten ins Spiel geklimpert. Immer wieder – immer aufdringlicher – jetzt sogar mit Fäusten!

Mutter ist am Draht "angenagelt" und kann nicht eingreifen, sie muss den Dingen im Nebenzimmer hilflos freien Lauf lassen. Nun gibt es einen heftigen Wortwechsel – und jetzt – bum! Der Klavierstuhl fällt zu Boden! Die Tür knallt – Stille! –

Annette kommt ins Büro herüber und streckt Mutter ihr verletztes Bein hin. Nun ist das Telefongespräch beendigt und verärgert erkundigt sich die Mutter nach dem Streit. Sabine fand, Annette habe nun lange genug geübt und sie sei nun dran. Aber als diese ihr den Platz am Klavier nicht überlassen wollte, wurde sie wütend und das Ende war ein Fußtritt. Wirklich, das Bein war geschwollen und geschürft.

"Das ist nun doch zu viel", entrüstet sich Mutter. Sie steht auf und sucht den Bösewicht – in der Stube – in der Küche. Wo mag sie sich versteckt haben? "Nun, sie wird mir schon wieder in die Hände kommen und dann wird es eine Tracht Prügel geben!", versichert Mutter und geht wieder an ihre Arbeit.

Nach einiger Zeit geht plötzlich die Tür auf und Sabine spaziert mit strahlenden Augen herein.

"So,", sagt sie siegesbewusst, "nun ist es wieder gut." Mutter traut ihren Augen nicht und staunt:

"Wie wagst du es so mutig daherzukommen nach diesem Vorfall? Was ist wieder gut?", forscht sie mit strenger Stimme.

"Das mit dem Fußtritt!", strahlt Sabine.

"Wieso ist das wieder gut?", forscht Mutter weiter.

"Weil ich mich bestraft habe.", antwortet Sabine überzeugt.

"Wo warst du denn?"

"Im Keller!" Mutter wittert eine Rundfahrt mit dem Dreirad. Das tut Sabine manchmal, wenn die Mutter Kartoffeln holt.

Darum will Mutter wissen, wie sie sich denn bestraft hat.

"Ich habe das Licht gelöscht, die Tür geschlossen und mich auf die Treppe gesetzt!", erzählt Sabine.

Das war allerdings schon etwas für einen kleinen Angsthasen wie Sabine einer war!

"Wie wusstest du denn, dass die Strafe jetzt abgebüßt sei?", wollte Mutter noch wissen.

"Ach, ich dachte nach einer Weile einfach, jetzt sei es genug. Da kam ich wieder."

Das kam alles ein wenig unerwartet. Fragend schaut Mutter zu Annette, die dem Gespräch gerührt gefolgt war. In diesem Moment schlingt Sabine ihren Arm um Annettes Hals, gibt ihr einen Kuss und sagt:

"Es tut mir leid, Nette!"

Mutter und Schwester sind entwaffnet. Aus ihrem Staunen wird ein frohes Lachen und Annette flüstert Mutter zu:

"Du brauchst sie nicht mehr zu bestrafen, Mutti, sie hat es ja selber getan."

"Wenn wir uns selber richteten, so würden wir nicht gerichtet."

1. Korinther 11,31

Ein lebendiger Brief

“Mutti, ein Brief für dich!”, schreit Klaus das Treppenhaus hinauf.

“Was mag wohl Frau Kohler von mir wollen?”, fragt Mutti, indem sie den Umschlag öffnet. “Wir haben uns ja schon viele Jahre nicht mehr gesehen, was mag sie nur zum Schreiben veranlasst haben?”

Ihre Lippen bewegen sich beim Lesen und schließlich spricht sie immer deutlicher:

“Da die Sportwoche nicht mehr fern ist und Moritz, mein Junge, eine Luftveränderung haben sollte, kam mir der Gedanke, ob er diese Ferienwoche nicht mit Ihrem Klaus zusammen

verbringen dürfte. Ihr Wohnort wäre gerade in der richtigen Höhe und ich dachte, da die Jungen das gleiche Alter haben, würden sie sich sicher gut verstehen."

"Hoppla!", unterbricht sie Klaus. "Jetzt ists draußen!"

Aber Mutti liest unbeirrt weiter. "Moritz ist ein stilles, liebes Kind, das Ihnen sicher keine Mühe machen wird. Er findet schnell Anschluss an andere Kinder und wird für Klaus ein guter Kamerad sein."

"Ja, ja, so reden Mütter immer über ihre Kinder,", schwatzt Klaus wieder dazwischen, "aber Papier ist geduldig. Zuerst möchte ich mir den Jüngling ansehen, bevor ich das alles glaube. Mit Tinte lässt sich der Sohn ganz schön schildern, aber ob er auch wirklich so ist?"

Nach allgemeinem Familienrat wird Moritz für die Sportwoche eingeladen.

Und nun ist es soweit. Auf das Klingeln hin öffnet die Mutter die Tür – und da stehen sie: Frau Kohler und Moritz.

Nachdem die Mütter sich begrüßt haben, tritt der Junge vor, zieht höflich seine Mütze vom Kopf und reicht Frau Singer und Klaus die Hand. Beim Eintreten lässt er seiner Mutter den Vortritt, nimmt dieser auch den Mantel ab und hängt ihn auf den Bügel. Auf alle Fragen gibt er unbefangen und fröhlich Antwort und als er mit Klaus alleine gelassen wird, sagt er freundlich zu ihm:

“Wir werden uns sicher gut verstehen, glaubst du nicht auch?”

Schon jetzt ist Klaus überzeugt, dass Frau Kohler in ihrem Brief über ihren Sohn nicht übertrieben hat. Moritz steht nun wie ein lebendiger Brief vor Klaus und dieser kann deutlich aus ihm lesen:

“Das ist ein anständiger Kerl, den muss man gern haben.”

Aber dann besinnt er sich und fragt sich auch: “Was kann wohl Moritz in mir lesen?”

“Ihr seid unser Brief, in unser Herz geschrieben, erkannt und gelesen von allen Menschen! Ist doch offenbar geworden, dass ihr ein Brief Christi seid, durch unseren Dienst zubereitet, geschrieben nicht mit Tinte, sondern mit dem Geist des lebendigen Gottes, nicht auf steinerne Tafeln, sondern auf fleischerne Tafeln, nämlich eure Herzen.”

2. Korinther 3, 2–3

Keine Sorgen haben, ist auch eine Sorge

Während der letzten Wochen hat Sabine durch das Stubenfenster immer wieder eine Frau beobachtet, die gestützt auf den Arm ihres Kindes in Papas Sprechstunde kommt.

Das Kind scheint etwas älter zu sein als Sabine. Mit rührender Fürsorge stützt es seine Mutter und während der Behandlung wartet es geduldig, um sie nachher wieder nach Hause zu führen.

Mit jeder Woche steigt Sabines Neugier über die beiden.

Heute bringt Papa das Kind ins Wohnzimmer und fordert Sabine auf sich um Maya zu kümmern, da die Behandlung heute länger dauert. Diese Aufforderung kommt ihr sehr gelegen. Nun kann sie endlich Näheres über diese Leute erfahren.

“Willst du gerne mit mir auf mein Zimmer kommen?”, fragt Sabine Maya und zieht diese mit sich fort. Maya schaut schüchtern herum in dem schönen Treppenhaus, folgt aber Sabine gerne die Treppe hinauf. Fast wagt sie es nicht mit ihren Straßenschuhen auf Sabines Teppich zu treten, aber Sabine lacht nur:

“Komm nur herein, du hast ja saubere Schuhe. Willst du dich hier hinsetzen?”

Maya gehorcht, immer noch etwas beklommen. Aber mit Sabine verliert sich die Schüchternheit von selbst. Ganz unbefangen plaudert sie mit Maya von der Schule und dabei entdecken sie gemeinsame Bekannte. Auch Maya wird lebendig und als Sabine schließlich fragt: "Ist deine Mutter sehr krank?", ist sie auch gerne bereit Auskunft zu geben. Sie weiß zwar auch nicht recht, wie man diese Krankheit nennt, aber sie weiß, dass es ihrer Mutter oft schwindelig wird und sie darum beim Gehen unsicher ist.

"Das Schlimmste ist,", erklärt sie, und dabei legen sich zwei Fältchen quer über die junge Stirn, "dass Mutter nicht mehr arbeiten kann."

"Arbeitet denn bei euch die Mutter?", fragt Sabine unschuldig.

"Ja,", antwortet Maya, "mein Vater ist gelähmt."

"Wie schrecklich!", entfährt es Sabine. "Dann muss deine Mutter das Geld verdienen?"

"Das kann sie eben jetzt nicht mehr.", sagt Maya leise.

"Wer sorgt denn für das Essen?", wundert sich Sabine weiter.

"Vater bekommt eine kleine Rente, weil er Invalide ist. Aber das reicht nicht aus, mit drei Kindern."

Sabine erfährt auch noch, dass Maya die Älteste ist und der Kleinste noch nicht zur Schule geht. Wenn Maya aus der Schule zurück ist, muss sie auf ihn aufpassen. Sabine spürt die ganze Bürde, die auf dem jungen Kind liegt, und ihr Mitgefühl wächst.

“Ja, und nun also das Essen? Woher kommt das?”

Kaum hat sie es gesagt, spürt sie auch, dass sie zu weit gegangen ist. Es geht sie ja wirklich nichts an. Aber nun ist es schon gesagt. Wie froh ist sie, dass Maya ihr die Neugier nicht übel nimmt. Maya lacht im Gegenteil darüber und sagt:

“Vater sagt jeweils: Gott sorgt für uns.”

Das hätte Sabine nicht erwartet. Die Röte steigt ihr vor Freude ins Gesicht darüber, dass ihre neue Freundin auch an Gott glaubt und ihm vertraut.

“Wir lieben den Herrn Jesus auch und wir lernen jeden Tag einen Bibelvers auswendig und ihr?”, plaudert Sabine los. Aber Maya bleibt ruhig und sagt:

“Das tun wir zwar nicht, aber wir beten zusammen. Wir bitten den Herrn Jesus uns jeden Tag mit dem Nötigen zu versorgen.”

“Und tut er das?”, wundert sich Sabine und ihre Augen werden kugelrund vor Spannung. Sie hat den Herrn noch nie gebeten sie zu versorgen. Ihr Vater arbeitet und verdient das Geld und damit ist die Sache erledigt. Aber dies hier ist ihr ganz neu. Sie kann sich nicht vorstellen, wie er das tut. Von Elia hat sie in der Sonntagsschule gehört, dass die Raben ihm das Essen brachten. Aber diese Zeiten sind ja vorbei. Wenn Maya bloß etwas schneller mit der Sprache herausrücken wollte.

“Also, wie tut er denn das?”, drängt Sabine

ein wenig. Maya lächelt vor sich hin – oder in sich hinein – und fragt sich, wo sie mit dem Erzählen beginnen soll. Schließlich sagt sie:

"Ach du, das gäbe ja ein Buch!"

"Und was stände in dem Buch?", bohrt Sabine weiter.

Jetzt fängt Maya plötzlich an zu erzählen: "Als wir einmal in Not waren, rief uns Vater zusammen und betete mit uns und bat den Herrn uns zu helfen. Ausgerechnet an diesem Tag brachte uns der Postbote ein Paket. Was darin war, möchtest du wohl wissen?", fragt Maya. "Es waren alles wunderbare Lebensmittel, die uns für einige Tage versorgten, gerade so lange, bis Vater sein Geld bekam."

"Und von wem war es?", möchte Sabine nun doch noch wissen. Aber Maya sagt: "Das haben wir nie erfahren. Es hatte keinen Absender."

Ermuntert durch Sabines Interesse fährt sie fort:

"Wir bekommen auch fast alle Kleider geschenkt. Einmal sollte ich von einem anderen Kind die Schuhe bekommen. Sie passten mir aber nicht. Außerdem hätte ich so gerne selber einmal in einem Laden Schuhe ausgesucht, aber wir hatten kein Geld. Da betete ich eben auch. Ich sagte dem Heiland, dass ich Schuhe haben müsste und ob er mir nicht Geld senden wolle dafür. Aber ich bekam nichts. Ich war schon ganz entmutigt und dachte bei mir selbst: 'Der Heiland hat dich vergessen.' Am nächsten Tag steckte in unserem Briefkasten ein blütenweißer Briefumschlag und darauf stand mit der Maschine geschrieben: ‘Für Maya’. Im Umschlag war gerade genug Geld, um ein schönes Paar Schuhe zu kaufen.”

Die Kinder vergessen die Zeit. Maya erzählt ein Erlebnis nach dem anderen, Sabine lauscht und ist gebannt von all dem Wunderbaren, das Maya berichtet. Dass es so etwas heute und so ganz in ihrer Nähe noch gibt! Nur ungern trennen sich die Kinder, nachdem die Mutter aus der Sprechstunde entlassen wird. Sie versprechen sich beim nächsten Besuch die Wartezeit wieder zusammen zu verbringen.

Sabine kann den nächsten Mittwoch fast nicht erwarten. Lange, bevor es Zeit ist, steht sie schon am Fenster und schaut nach Maya und ihrer Mutter aus. Endlich kommen sie beim Bäcker um die Ecke. Sabine läuft ihnen entgegen, und nachdem sie sie begrüßt hat, zieht sie Maya gleich mit sich fort, die Treppe hinauf.

“Hat der Heiland euch diese Woche auch wieder versorgt?”, fragt sie gleich darauf los, kaum dass Maya Platz genommen hat. Nun kann Maya ein Lächeln nicht unterdrücken. Diese Sabine ist zu köstlich. Maya muss ihr vorkommen wie ein leibhaftiges Wunder, denkt sie. Aber dann sagt sie:

“Weißt du, das geht nicht immer so schnell. Manchmal prüft Gott auch unseren Glauben und wir müssen warten. Aber Vater sagt dann immer: 'Sorget euch nicht um euer Leben, was ihr essen und was ihr trinken sollt, noch um euren Leib, was ihr anziehen sollt. Euer himmlischer Vater weiß, dass ihr das alles bedürfet.'."

"Siehst du,", unterbricht sie Sabine, "ihr lernt doch Bibelverse!"

"Nur den einen, weil ihn Vater immer sagt", antwortet Maya "und noch den Lieblingsvers von Mutter: 'Alle eure Sorgen werft auf ihn; denn er sorgt für euch.'."

"Hat er auch schon einmal nicht für euch gesorgt?", fragt Sabine plötzlich.

Maya besinnt sich einen Augenblick, dann schüttelt sie den Kopf und sagt:

"Nein, wir hatten immer, was wir brauchten."

“Aber für mich hat er nicht gesorgt!”, bricht es nun aus Sabine hervor. Nun ist das Staunen auf Mayas Seite:

“Wie kommst du darauf?”, fragt sie verwundert.

Sabine macht ein beleidigtes Gesicht und beginnt dann mit ihrer Geschichte:

“Nach deinem letzten Besuch habe ich abends gebetet, der Herr Jesus möge mir Geld schicken, damit ich mir ein Kleid kaufen könne. Ich habe nämlich in einem Schaufenster ein so schönes Kleid gesehen, mit Reißverschluss vorne. Aber meine Mutter wollte es mir nicht kaufen. Sie sagte, ich sei für diesen Sommer schon eingedeckt. Da betete ich eben um Geld, wie du für die Schuhe. Jeden Tag schaute ich in den Briefkasten. Aber nichts! Ich dachte wie du, der Heiland habe mich vergessen. Und das hat er auch! Jetzt ist schon eine Woche vergangen und ich habe noch nichts bekommen. Wie erklärst du dir das?”

Nun platzt Maya aber los. Sie lacht und kann sich kaum mehr erholen. Mit großen Augen betrachtet Sabine die verwandelte Freundin.

“Wieso lachst du denn so?”, fragt sie schließlich, “Da gibt es doch nichts zu lachen.” Maya bringt nun endlich hervor:

“Du liebe Zeit!”

“Aber ... was hast du bloß?”, fragt Sabine ein wenig verärgert. Maya nimmt sie gar nicht ernst!

Nun hat sich Maya so weit erholt, dass sie wieder sprechen kann – und sie will auch Sabine gar nicht beleidigen. Darum sagt sie ganz ruhig:

"Aber, Sabine, Gott braucht dir doch kein Geld zu schicken. Du hast ja alles, was du brauchst. Du hast eben selber gesagt, du seist mit Kleidern versorgt. Du hast auch keine Sorgen um das Essen und die Miete. Dafür sorgt doch dein Vater. Bei uns ist das etwas ganz anderes. Mein Vater und meine Mutter sind krank und darum sorgt Gott für uns und lässt uns Wunder erleben."

Wie Maya nun das unglückliche Gesichtchen von Sabine betrachtet, fährt sie lachend fort:

"Du liebe Zeit! Ich glaube, deine Sorge, Sabine, ist, dass du keine Sorgen hast!"

Sabine staunt, wie klar Maya alles durchblickt. Wenn sie auch jetzt nicht die gleichen Erfahrungen wie Maya machen kann, so möchte sie doch wenigstens versuchen den Lieblingsvers von Mayas Mutter nicht mehr zu vergessen:

"Alle eure Sorgen werft auf ihn; denn er sorgt für euch."

1.Petrus 5,7

Das Geheimnis

“Also, was machen wir heute?”, fragt Klaus seinen Freund, der schon vor dem Haus auf ihn gewartet hat. Rudi hat immer ausgefallene Ideen für Spiele, darum bemüht Klaus sich gar nicht erst selber darüber nachzudenken. Allerdings haben Rudis Ideen es meist in sich, aber Klaus mag ihn gern. Er ist interessant und nie langweilig.

“Fällt dir etwas auf?”, fragt Rudi ganz beiläufig, “Fällt dir etwas am Haus von Spörrys auf?”

Neugierig schaut Klaus zum Nachbarhaus und sagt fragend: “Ob mir etwas auffällt? Nein! Was denn?”

“Schau doch genau hin!”, fordert Rudi ihn auf.

“Ach so, dass die Läden geschlossen sind?”, fragt Klaus.

“Also doch gemerkt!”, triumphiert Rudi. “Und was bedeutet das?”

“Was weiß ich!?”, tut Klaus gelangweilt. “Wahrscheinlich sind sie weg. Aber warum fragst du?”

“Kindchen!” Das sagt Rudi immer, wenn es ganz wichtig ist und dabei kommt sein Gesicht ganz nahe an das Gesicht von Klaus heran: “Das ist eine sehr interessante Sache! Spörrys sind in den Ferien! Begriffen?”

“Wer sagt das?”, fordert Klaus ihn heraus. Aber Rudi bleibt ihm die Antwort nicht schuldig:

“Wenn jemand die Läden am Haus schließt, dann geht er in die Ferien. Oder schließt vielleicht deine Mutter die Läden, wenn sie einkaufen geht? Was?”

“Und?”, drängt Klaus.

“Und?”, äfft ihn Rudi nach. “Die guten Leute haben etwas vergessen! Ihre Pflaumen sind reif und niemand kümmert sich darum! Sie werden alle zu Boden fallen und wenn Spörrys heimkommen, werden sie sich mit faulen Pflaumen am Boden herumschlagen müssen. Das wollen wir ihnen ersparen!”

Klaus wird es ungemütlich. “Wie willst du es ihnen denn ersparen?”, möchte er wissen. Anstelle der Antwort fragt Rudi:

“Kannst du klettern?”

“Klar kann ich – aber ich will nicht!”, antwortet Klaus.

“Da seht mal das Milchbübchen! Es kann nicht klettern, darum will es nicht!”, spottet Rudi.

Aber das ist zu viel für Klaus. Rudi hat ihn ‘Milchbübchen’ gescholten! Das soll er nie mehr tun können! Unterdessen sind sie unter Spörrys Pflaumenbaum angekommen. Mit einem Sprung an den Stamm und einigen tapferen Griffen arbeitet sich Klaus in die Baumkrone hinauf. Rudi, nicht faul, hinterher. Atemlos betrachten sich die beiden und machen es sich dann in einer Astgabel bequem.

“Großartig hast du das gemacht!”, lobt Rudi. “Ich hätte es dir nicht zugetraut!”

Nach dieser Lobrede kann sich Klaus natürlich nicht einfach aus dem Staub machen, er muss die Gunst seines Kameraden noch etwas auskosten. "Kindchen!", sagt dieser wieder. (Wie Klaus das hasst!) "Kannst du unser Geheimnis für dich behalten, ein Geheimnis nur für dich und mich?"

Klaus ist scharf auf Geheimnisse, aber am liebsten hat er diejenigen, die er am Abend mit Papa oder Mama besprechen kann. Aber dieses hier ist wohl kaum von dieser Sorte.

"Sicher kann ich – aber ich habe keine Lust!", antwortet er.

"Du lieber Himmel,", lacht Rudi auf, "da haben wirs wieder. Er will nicht. Der Bubi will heim zur Mami und ihr alles erzählen, was?"

Klaus wird rot vor Zorn. Soll er sich das gefallen lassen? Aber Rudi ist größer und stärker als er. Dazu ist die Astgabel kein sicherer Boden für einen Kampf. Am liebsten würde er weggehen. Aber was er dann zu hören bekäme! Rudi unterbricht seine Überlegungen:

"Schon gut! Lassen wir das!"

Das klingt versöhnlich. Klaus wünscht ja auch keinen Streit und jetzt wird ihm auch noch etwas zwischen die Zähne gestoßen. Rudi ruft lachend dazu:

"Mund auf und Augen zu!"

"Hm! Eine zuckersüße Pflaume!" Rudi spuckt einen Stein aus und beißt in die zweite und dritte. Dazwischen stößt er mit der linken Hand Klaus wieder eine in den Mund.

"Ob es richtig ist mit Spörrys Pflaumen aufzuräumen?", fragt sich Klaus insgeheim bekümmert. Aber vielleicht ist es ja wahr, dass die Zwetschgen verfaulen würden, weil Spörrys in den Ferien sind. Wenn er nur Mama um ihre Meinung fragen könnte! Aber das darf er nicht. Er muss sich des Geheimnisses würdig erweisen. Er will kein Bubi und kein Milchbübchen mehr sein!

Plötzlich späht Rudi gespannt nach Spörrys Gartentor. Er sieht aus, wie ein lauernder Tiger.

"Sie kommen!", flüstert er gehetzt. "Los, mir nach, aber schnell!"

Bevor Klaus begriffen hat, wer kommt, ist

Rudi schon den Baum hinuntergerutscht und bringt sich durch die Hecke in Sicherheit. Beim Hinunterspringen reißt er Klaus am Arm und bringt ihn so unglücklich aus dem Gleichgewicht, dass er sich eben nur noch am untersten Ast festhalten kann und daran baumelt – ein Blickfang für die Familie Spörry, die vollzählig durch den Garten daherkommt.

“He!”, ruft eine Männerstimme.

Klaus kennt sie. Sie gehört Herrn Spörry.

Dieser Ruf löst Klaus die Finger und er lässt sich wie versteinert zu Boden fallen.

“Du, Klaus?”, fragt dieselbe Stimme erstaunt. “Das hätte ich nie von dir gedacht!” Herr Spörry fährt bitter fort: “Mach, dass du fortkommst, du Schlingel! Und dass du dich nie mehr in unserem Garten blicken lässt!”

Während Klaus aufsteht und sich beschämt und mit feuerrotem Kopf davonmacht, ruft Herr Spörry ihm nach:

“Wollen mal sehen, was dein Vater dazu sagt!”

Vor Wut über Rudi, der ihn so hereingelegt hat, fängt Klaus an zu weinen, ja mit richtigen Tränen! Das Knie hat er sich aufgescheuert und am Hemd hat er einen Flecken vom Pflaumensaft. All diese Spuren lassen Mama sein Elend gleich erkennen. Mit dem Geheimnis ist es jetzt auch aus.

Nachdem Klaus alles ausgepackt und tüchtig auf Rudi geschimpft hat, fragt Mama ihn bedächtig:

"Bist du ganz sicher, dass Rudi schuld ist?"

"Ja sicher, der hat mich mitgelotst..."

"...und auf den Baum getragen?", unterbricht ihn Mama.

"Nein, natürlich nicht,", gibt Klaus zu, "aber er..."

"Nicht er – du bist ganz allein auf den Baum geklettert, obwohl du wusstest, dass Rudi die Pflaumen stehlen wollte.", stellt Mama fest. "Du wolltest ihm gefallen und hattest nicht den Mut nein zu sagen. Stimmts?" Es stimmte.

Für Klaus wurde plötzlich alles klar. Er war der Feigling, weil er mitmachte. Wäre er doch bei seinem "ich will nicht" geblieben! Warum lässt er sich von Rudi auch immer wieder verleiten?!

Nachdem Klaus sich beruhigt hat, greift Mama das Thema nochmals auf:

"Es bleibt jetzt natürlich noch etwas zu tun!"

"Was noch?", horcht Klaus auf.

"Herr Spörry.", antwortet Mama, indem sie die Augenbrauen hochzieht.

"Ja, glaubst du,", fragt Klaus, "dass er kommen und es euch erzählen wird?"

"Bevor es dazu kommen kann,", fährt Mama fort, "wirst du zu ihm gehen und..."

"Ich?", schreit Klaus auf, aber Mama beendet ruhig ihren Satz:

"...und dich entschuldigen."

Das fällt Klaus nun allerdings schwer. So schwer, dass er glaubt es nicht zu überleben. Aber er überlebt es trotzdem. Herr Spörry ist auch gar nicht mehr böse, sondern sehr gerührt, dass Klaus sich entschuldigt. Schließlich schenkt er Singers noch ein Körbchen voll herrlicher Pflaumen.

Aus voller Überzeugung lernt Klaus heute Abend mit seinen Geschwistern den Vers aus Sprüche 28, 13:

"Wer seine Sünde leugnet, dem wirds nicht gelingen; wer sie aber bekennt und lässt, der wird Barmherzigkeit erlangen."

Abschreiben – ja oder nein?

Rudi, der Pflaumendieb, hat seine Gedanken oft anderswo als bei der Schularbeit. Es macht ihm auch weiter nicht viel aus, dass er zu den Letzten der Klasse gehört. Nur wenn die Zeit der Zeugnisse naht und sich dann die Prüfungen häufen, wird er ein wenig nervös. Es liegt ihm schließlich doch einiges daran in die nächste Klasse versetzt zu werden.

"Du, Klaus,", sagt er darum eines Tages, "wirst du mit den Rechenaufgaben für morgen fertig? Ich finde überhaupt nicht mehr durch." Und ärgerlich fügt er bei: "Jetzt habe ich bald genug von diesen Prüfungen. Jede wird schwerer als die letzte und immer schneide ich schlechter ab. Aber Herr Gubler ist selber schuld, er könnte die Aufgaben auch etwas besser erklären!"

Rudi hat seinem Ärger so laut Luft gemacht, dass auch Martin und Hans sich einmischen:

"Kein bisschen verstehen wir davon!", rufen sie durcheinander.

"Wenn ich wenigstens meine Mutter fragen könnte,", stöhnt Rudi, "aber immer heißt es: Seit 20 Jahren habe ich nichts mehr damit zu tun gehabt. Ich kann dir nicht helfen!"

Während die Jungen ihre Schulsachen zusammenpacken, schimpfen sie drauflos wie Rohrspatzen und wenn Herr Gubler zugehört hätte, würde er gemerkt haben, dass sie wirklich in Not sind.

Schließlich steht im Schulhof ein Rudel von Jungen zusammen, das berät, wie man dem Übel der vielen Prüfungen und dem Nichtverstehen beikommen könnte. Die Schüler ereifern sich so, dass manchmal alle gleichzeitig reden. Nur Klaus steht still dabei. Schließlich fragt Rudi ihn:

“Warum so still, Klaus, kommst du etwa mit den Aufgaben zurecht?”

Dass dieser Rudi ihn aber auch immer so schäbig behandeln muss! Soll er sich das einfach so gefallen lassen? Er wollte es zwar nicht sagen, dass er alle Aufgaben schon gelöst hat. Aber nun muss er seine Ehre retten.

“Klar komm ich damit zurecht,”, prahlt er, “ist ja bubileicht. Hab schon alles fertig für morgen.”

Aber Klaus hat nicht mit der Wendung der Dinge gerechnet, die jetzt eintritt. Die Jungen stürzen sich auf ihn, reißen an seiner Schulmappe, die er nur mit Mühe festhalten kann, und rufen durcheinander:

“Toll! Pack dein Heft aus, wir wollen abschreiben! Aber mach schnell, bevor Herr Gubler aus der Schule kommt! Also, wirds bald?”

So drängen sie den erschreckten Klaus, der keineswegs daran denkt die anderen die Ergebnisse abschreiben zu lassen. Durch Klaus Zögern gerät die so nahe geglaubte Rettung der Jungen ins Wanken. Darum werden sie grob:

“Feigling! Sei nicht so eklig! Gib dein Heft her!”

In Klaus tobt ein Kampf. Wie leicht könnte er jetzt der Held der Jungen werden, der Wohltäter, dem alle Dank schulden und von dessen Gunst sie abhängen. Aber er weiß auch genau, dass Abschreiben ein Betrug ist. Und von sich abschreiben zu lassen, ist ebenso schlimm. Er ist unschlüssig, während die Jungen ihn immer härter bedrängen. Soll er den Kameraden überlegen das Heft hinwerfen? Soll er diese große Rolle spielen oder verpassen? Ein paar Punkte mehr, besonders in Rudis Augen, täten Klaus gut! Aber neben all diesen Gedanken tönt es in seinem Herzen fortwährend: "Angeber! Betrüger!"

Schon einmal hatte Rudi ihn dazu verleitet – auf dem Pflaumenbaum. Diesmal soll es ihm nicht mehr gelingen! In seiner Not schreit er in seinem Innern:

"Herr Jesus, hilf mir!"

Da durchzuckt ihn eine Idee. Er öffnet seine Schultasche und zieht das Heft hervor, verfolgt von habgierigen Jungenaugen. Er setzt sich auf das Geländer des Schulhofes und sagt mit einer Stimme, die keinen Widerspruch duldet:

"Setzt euch, ich erklärs euch noch Mal."

Und bevor jemand antworten kann, rechnet er auch schon laut vor – eine Rechenaufgabe nach der anderen. Plötzlich hört er Hans erleichtert flüstern:

"Ach so geht das?"

Martin seufzt erleichtert:

"Jetzt dämmerts mir!"

Heinz findet es auf einmal gar nicht mehr so schwer und Rudi prahlt:

"Meine Mutter wird staunen!"

Mit dem guten Gefühl es doch selber schaffen zu können und die Aufgaben verstanden zu haben, gehen die Jungen auseinander. Klaus bekommt von jedem noch einen Klaps auf den Rücken, was auf Deutsch wohl heißen sollte:

"Vielen, vielen Dank, du toller Kerl!"

Aber keiner der Kameraden ahnt, wie glücklich Klaus heute nach Hause geht. Er hat ja, mit der Hilfe des Herrn Jesus, der Versuchung des Satans widerstanden. Und das macht sehr, sehr froh!

Er sagt zwar nichts, aber er lächelt verständnisvoll in sich hinein, als Papa am Abend in der Andacht den Vers liest:

"Euer Widersacher, der Teufel, geht umher wie ein brüllender Löwe und sucht, wen er verschlinge. Dem widersteht, fest im Glauben."

1. Petrus 5, 8. 9

Mama erbt!

Tante Adele, Mama Singers Schwester, wohnt ein paar Häuser vom Doktorhaus entfernt. Sie ist eine kleine, schwächliche Frau, um die Mama sehr besorgt ist. Oft erledigt sie ihre Einkäufe und nimmt ihr mühsame Arbeiten ab.

Jetzt ist Tante Adele schwer erkrankt und Mama Singer hat mit der Pflege alle Hände voll zu tun. Die Krankheit gefällt ihr gar nicht und oft sagt sie zu ihrem Mann:

"Was denkst du von Adele? Wird sie diese Krankheit überstehen?"

Tante Adele überstand die Krankheit nicht und nach kurzer Zeit starb sie. Beim Ordnen und Auflösen des Haushaltes findet Mama in Tantes Schreibtisch einen gelben Briefumschlag. Darauf steht mit schöner Handschrift: "Mein letzter Wille". Sie hat darin aufgeschrieben, was nach ihrem Tod mit ihrem Besitz geschehen soll.

Die Kinder staunen nicht wenig, als Papa ihnen eröffnet, dass Tante Adele ihre Schwester, also die Mutter, als Alleinerbin ihres ganzen Vermögens eingesetzt hat, aus Dankbarkeit für alles, was diese für sie getan hat. Dass Tante Adele reich war, war ein offenes Geheimnis. Einen Moment ist es ganz still. Aber plötzlich bricht ein Jubel aus und Pläne und Ideen der Kinder hageln nur so auf die lächelnden Eltern herunter.

Zunächst gebietet Mama Ruhe und dann sagt sie:

"Kinder, den größten Teil davon bekommt der Herr Jesus für seine Arbeit in der Mission. Aber dann möchte ich auch jedem von euch einen Herzenswunsch erfüllen. Es darf etwas Schönes sein!"

"Ein Fahrrad!", schreit Klaus. Das hat er sich schon lange gewünscht.

"Gut, ein Fahrrad.", bestätigt Mama. "Eines mit Gangschaltung und allem, was ein Jungenherz dran haben möchte."

“Und ich ein Puppenhaus!”, meldet sich Sabinchen. “Es muss ein Treppenhaus und ein Badezimmer drin sein!”

“Bekommst du!”, nickt Mama ihr liebevoll zu. “Dazu schenk ich dir noch eine Puppenfamilie, die in der Größe hineinpasst.”

“Und du, Annette, was würde dir Freude machen?” Das verwirrte Kind will es sich lieber nochmals überlegen, denn eine solche Gelegenheit muss gut überdacht sein.

“Ich bin ein doppelter Erbe!”, platzt Klaus mitten in die schwesterlichen Überlegungen.

“Du bist überhaupt kein Erbe!”, protestiert Sabine. “Mama hat geerbt und du bekommst bloß ein Geschenk davon!”

“Gut, dann bin ich eben einfacher Erbe. Das müsstet ihr wissen. Das hatten wir ja gestern.”

“Bravo, Klaus,”, freut sich Papa. “Und wer kann die beiden gelernten Verse noch sagen?”

“Gehört ihr aber Christus an, so seid ihr ... nach der Verheißung Erben.” Galater 3, 29

“Sind wir aber Kinder, so sind wir auch Erben, nämlich Gottes Erben und Miterben Christi.” Römer 8, 17

“Und die Voraussetzung im Himmel zu erben...?”, will Papa noch wissen. Die Kinder wissen Bescheid:

“Ein Kind Gottes zu sein.”

Die Schmarotzer

Hei! Es ist Sonntag, Papa hat dienstfrei, wir fliegen aus!

"Gleich nach dem Gottesdienst fahren wir los!", verkündet Papa. "Haltet die Wanderschuhe bereit!", und zu Mama gewendet, fragt er: "Könntest du ein Picknick vorbereiten?"

"Ja, was soll es denn sein?", erkundigt sich Mama und schaut in der Runde herum.

"Würste zum Braten!"

"Käse zum Schmelzen!"

"Den Sonntagskuchen!"

"Viel zu trinken!", so rufen die Kinder durcheinander.

Und nun ist es so weit. Sie fahren zuerst ein gutes Stück mit dem Auto, um von einem schönen Aussichtspunkt aus die Wanderung zu Fuß zu machen. Als sie die Stadt verlassen und auf den Wald zufahren, erinnert sich Papa plötzlich an die alte Frau Huber, die hinter dem Wald wohnt und die vor einiger Zeit sehr krank war. Papa hat sie häufig besucht und behandelt und nun erholt sie sich langsam.

"Wie wärs, wenn wir schnell bei Frau Huber hereinschauen und ihr ein Lied singen?" schlägt Papa plötzlich vor. "Sie wohnt ganz allein und hat keinen Menschen. Sie würde sich riesig freuen so unerwartet besucht zu werden."

Aber Papa bringt seinen Satz kaum zu Ende, da stöhnen seine drei Kinder durcheinander:

"Oh, diese Frau Huber kennt uns ja gar nicht!"

"Jetzt wollen wir doch wandern gehen."

"Mach doch deine Besuche ohne uns!" und so weiter. Aber weil Papa noch einen Versuch wagt und sagt:

"Ihr seid alle kleine Egoisten, denkt nur an euer eigenes Vergnügen und wollt armen Leuten keine Freude machen.", ist die Laune gründlich verdorben. Die Kinder beklagen sich bitter, dass man immer "etwas sollte", wenn man es einmal schön haben könnte und lassen Papa nicht im Zweifel darüber, dass sie überhaupt keine Lust zu Besuchen haben und Frau Huber kein Lied singen werden.

So! Was soll Papa nun tun? Einen Besuch machen mit solch übelgelaunten Langgesichtern scheint Papa nicht zweckmäßig zu sein und darum verzichtet er darauf. Aber rechte Stimmung will nicht mehr aufkommen. Jeder schaut zum Fenster hinaus und hängt seinen eigenen Gedanken nach. Es wird auch kaum mehr gesprochen im Auto.

Erst beim Picknick, als sie alle um das lodernde Feuer sitzen und die Spieße mit den Würsten bereithalten, bis sich die Flammen etwas legen, sagt Papa:

"Seht ihr diesen Baum dort, der am verdorren ist? Schaut mal gut hin. Warum kann er sich nicht am Leben erhalten?"

“Weil der Efeu, der an ihm hochklettert, ihn erstickt.”, weiß Klaus zu berichten. “Das ist eine Schmarotzerpflanze!”, fährt er stolz fort, denn das hat er vor kurzem bei den Pfadfindern gelernt.

“Richtig!”, bestätigt Papa. “Der Efeu lebt auf Kosten des Baumes.” Aber wie staunen die Kinder, als er mit energischer Stimme fortfährt: “Und genau so kommt ihr drei mir vor. Ihr seid froh Christen zu sein, weil Jesus euch in euren Schwierigkeiten hilft, euch eure Sünden vergibt und ihr wissen dürft, dass ihr einmal in den Himmel kommt. Ihr kleinen Schmarotzer. Ihr wollt den Genuss allein für euch haben. Aber wenn ihr die Gelegenheit habt jemandem eine

Freude zu machen und dazu ein kleines Opfer bringen müsst, ist es schon aus mit eurem Christentum! Das nennt man 'Hingabe mit Vorbehalt'."

"Was heißt das denn?", fragt Sabine, die nicht mitgekommen ist.

Aber Klaus stößt seinen Ellenbogen in ihre Seite und schnauzt: "Schweig doch!"

Es verlangt ihn gar nicht nach weiteren Erklärungen. Aber die muss er jetzt trotzdem noch mit anhören.

"Hingabe mit Vorbehalt?", fragt Papa. "Das sagt das Wort ja selber aus: Ihr habt euch wohl dem Herrn Jesus hingegeben, aber ihr behaltet etwas für euch zurück. Wenn er etwas von euch haben möchte, das euch nicht passt, dann sagt ihr einfach 'nein'! Das ist der Vorbehalt."

Am Abend kommt die Familie zeitig nach Hause, weil sie Besuch erwartet. Tante Aline und ihr Mann kommen zum Abendessen. Für Mama bringt die Tante einen Blumenstrauß mit und jedem der Kinder steckt sie eine Tafel Schokolade zu. Hm! Das ist eine Überraschung!

Sofort werden die Tafeln verglichen und man entschließt sich sie so zu teilen, dass jeder von jeder Sorte ein Stück bekommt. Als sich die drei ans Öffnen des Umschlages machen, stößt Sabine ein langes "Ohhh" aus und sagt:

"In meinem Umschlag ist ein Loch!"

"Das habe ich auch bemerkt!", antwortet

Annette und erklärt: "Da gehört der Bilderscheck hin!" Klaus entsetzt sich: "Tante Aline hat bei allen dreien den Bilderscheck herausgerissen. Das ist unerhört!"

Wenn man nämlich ein gewisse Anzahl solcher Schecks gesammelt hat, kann man sie gegen wunderschöne Bilder eintauschen. Die Singer-Kinder hatten schon einige Bilderbücher damit gefüllt. Tante Aline scheint sie auch zu sammeln.

"Aber so schenkt man doch keine Schokolade!", unterbricht Annette die nun eingetretene Stille.

"Es ist gar keine ganze Schokolade", stellt Sabine fest.

"Doch, doch.", beschwichtigt sie Klaus. "Die Schokolade ist in Ordnung, aber wenn sie sie uns schenken will, sollte sie sie lassen wie sie sie gekauft hat."

Die drei Tafeln werden nun in drei gleiche Teile zerbrochen und verteilt, aber die Freude daran ist nicht mehr die gleiche.

Nach Tante und Onkels Abschied kommt die Sprache natürlich sogleich auf die herausgerissenen Bilderschecks. Die Kinder haben sich von der Handlungsweise der Tante noch nicht erholt. Papa hört mit verschränkten Armen im Hintergrund zu. Plötzlich mischt er sich ins Gespräch und sagt:

"Das ist eine Gabe mit Vorbehalt! Tante hat euch eine Tafel Schokolade geschenkt, aber sie hat etwas für sich zurückbehalten. Dasselbe habt ihr drei heute Nachmittag mit dem Herrn Jesus gemacht. Darum ermutigt der Heiland seine Nachfolger:

'Wer mir dienen will, der folge mir nach.' Johannes 12,26", und Papa fügt hinzu: "Bis in Frau Hubers Haus! So wie es euch jetzt zumute ist, geht es ihm bestimmt auch wegen euch!"

Die Reise ans Meer

Singers Kinder haben diese Nacht fast nicht geschlafen. Sie sind furchtbar aufgeregt, denn noch heute beginnt die große, spannende Reise ans Meer. Man bedenke, sie fahren zum ersten Mal in ihrem Leben über die Grenze, ins Ausland, wo man eine fremde Sprache spricht. Endlich ist es so weit: Lärmend nehmen sie ein leeres Abteil des Zuges in Beschlag – doch halt – ganz leer ist es nicht. Am Fenster sitzt ein kleiner Junge, der sich gemütlich in seiner Ecke eingerichtet hat. In der Hand hält er ein Bilderbuch, das aber im Augenblick noch nicht interessant zu sein scheint. Immer wieder schaut er zum Fenster hinaus, als ob er jemanden erwarte.

Und richtig: Kurz bevor der Zug sich in Bewegung setzt, tritt ein Mann im blauen Arbeitsanzug an den Wagen heran und lacht dem Kleinen fröhlich zu. Dann verschwindet er wieder in der Menge auf dem Bahnsteig. Wahrscheinlich ist das sein Vater, der in letzter Minute von der Arbeit kam, um seinen Jungen zu verabschieden, vermuten die Singers.

Ein schriller Pfiff ertönt – und der Zug beginnt zu rollen. Der Junge sitzt unbekümmert auf seinem Platz und erfreut sich an der schnellen Fahrt. An der nächsten Station springt der Kleine auf und sucht wieder jemanden durch das Fenster. Und richtig, da kommt wieder der Mann im blauen Arbeitsanzug! Er winkt dem

Jungen fröhlich zu. Wie ist er nur hierher gekommen?

Der Zug fährt weiter. Der Junge lehnt sich zufrieden in seinen Sitz zurück. Bei der nächsten großen Station steht der Mann im Arbeitsanzug wieder vor dem Zug, klopft ans Fenster und lacht den Kleinen an.

Nun ist es mit der Ruhe der Kinder zu Ende. Sie wollen sich über das merkwürdige Geschehen vor dem Fenster Gewissheit verschaffen. Als nun der Zug wieder fährt, fragt Papa den Kleinen:

"Fühlst du dich nicht allein in dem großen Wagen, so weit weg von der Mutter?"

"Ach nein,", antwortet der Junge, "mein Vater kommt ja mit mir."

“Ist es etwa der Mann, der dich jedesmal an den Bahnhöfen grüßt?”, möchte Papa wissen. Da leuchten die Augen des Kleinen auf und er sagt wichtig:

“Mein Vater fährt den Zug!”

Ach so ist das! Der Vater fährt den Zug. Darum ist der Kleine so unbekümmert. Das Geheimnis ist gelüftet.

Am Abend ruft Papa Singer seine glückliche kleine Bande im Hotelzimmer zusammen und sagt:

“Wir haben zwar Ferien, aber keine Ferien von unserem täglichen Merkspruch.” Und während er in der Bibel blättert, fragt er: “Ist euch heute in der Bahn auch etwas aufgefallen? War es nicht wohltuend den Kleinen so unbekümmert zu sehen, weil er wusste, dass sein Vater den Zug fährt?”

Das haben die anderen auch beobachtet. Dann fährt Papa fort: “Unser Vater fährt unseren Lebenszug. Darum müssen wir uns nie fürchten, sondern dürfen ihm immer vertrauen.”

“Denn eines jeden Wege liegen offen vor dem Herrn und er hat Acht auf aller Menschen Gänge.”

Sprüche 5,21

Der kleine Seestern

Jeder neue Tag am Meer bringt neue Aufregungen: Die ersten, selbstgefundenen Muscheln, das lustige Wellenreiten auf den Luftmatratzen und die Begegnungen mit Meerestieren, die sich mit kleinen, schwarzen Stacheln vorwärtsbewegen oder mit vielen “Gummiarmen” an einem Fels festsaugen.

Klaus steht auf der Spitze eines großen Felsens und lässt sich seine nackten Füße immer wieder vom Schaum der brechenden Wellen übergießen. Unbekümmert um die Rufe seiner Geschwister, starrt er auf den Felsen, der von den Wellen gepeitscht wird: Ein kleiner Seestern hat sich daran festgekrallt, ganz klein, ganz rot. Immer, wenn sich eine neue Welle sich darüber ergießt, denkt er: „Diesmal wird er weggeschwemmt!“ Aber trotz der Wucht des Meeres hält der Stern sich fest.

Da taucht plötzlich ein langer, magerer, schmutziger Junge neben ihm auf.

“Was gaffst du da?”, fragt er. Klaus hat ihn im Hotel schon gesehen und ihn nicht gerade sympathisch gefunden. Aber nun steht er da und Klaus kann nicht anders, er muss ihm antworten:

“Ich schaue diesem Seestern zu um zu sehen, ob die Wellen ihn fortschwemmen werden. Aber schau, er hält sich fest.”

“Ich bekomme ihn schon da weg, du wirst

sehen!", trumpft der Störenfried auf, indem er einen Stock ergreift, den das Meer angeschwemmt hat. Damit nähert er sich dem Seestern und versucht den Stock zwischen den Körper des Tierchens und den Felsen zu drängen. Aber je mehr er es quält, desto krampfhafter hält sich das Tier am Felsen fest. Seine fünf Arme saugen sich immer verzweifelter an dem feuchten Stein an und man sieht, wie seine winzigen Saugnäpfe sich unter der Anstrengung spannen. Aber er hält sich fest.

"Blöd, ich bekomm ihn nicht los!", brummt der Junge, indem er sich erhebt.

“Komm, wir gehen im Sand spielen, willst du?”

Aber Klaus will nicht. Als er den Seestern jetzt genauer betrachtet, sieht er, dass er verletzt ist. Aber er hält fest. Klaus kümmert sich nicht mehr um den Jungen. Er setzt sich auf den Stein und sinnt über den kleinen, tapferen Stern, der beinahe sein Leben gelassen hätte, weil er sich am Fels festhielt und nicht aufgab, nach.

Da wird Klaus mit einem Mal klar: Ein Kind Gottes hält sich auch am Felsen, an Gott fest. Der große Ozean, der ihn immerzu wegzuschwemmen droht, ist die Welt mit all ihren Versuchungen. Sie tut alles, um uns von Jesus zu trennen. Der böse Junge mit dem Stock könnte Satan darstellen, der sich zwischen Jesus und uns drängen will. – Lange sitzt der Knabe so und denkt.

“Papa,”, fragt er am Abend, “weißt du einen Bibelvers, der zu meinem Seestern und seiner Geschichte passt?”

Papa weiß einen:

“Denn ich bin gewiss, dass weder Tod noch Leben, weder Engel noch Mächte noch Gewalten, weder Gegenwärtiges noch Zukünftiges, weder Hohes noch Tiefes noch eine andere Kreatur uns scheiden kann von der Liebe Gottes, die in Christus Jesus ist, unserem Herrn.”

Römer 8,38–39

Der geknickte Rebzweig

Klaus geht es wirklich gut. Auch in den Herbstferien darf er wieder auf Reisen gehen. Sein Onkel hat ihn zur Traubenernte eingeladen. Er darf auch einen Freund mitbringen! Er bittet Fritz ihn zu begleiten, denn während Klaus sich in den Sommerferien einen schönen Urlaub machte, musste Fritz auf einem Bauernhof arbeiten. Alle wissen darüber Bescheid, aber niemand spricht davon, dass er büßen musste, weil er von daheim weggelaufen war.

Eifrig helfen die Jungen den Winzern ihre Körbe zu füllen, aber viele goldene, sonnendurchwärmte Beeren wandern auch in ihren Mund!

Mit der Zeit beginnt die Arbeitslust zu schwinden und schließlich meldet sich der Übermut.

"Fang mich, wenn du kannst!", ruft Fritz. Das gibt eine Jagd durch den ganzen Weinberg. Jetzt springen sie über ein Mäuerchen auf die untere Terrasse. Fritz duckt sich hinter einen Weinstock. Klaus versucht ihn zu fangen, aber Fritz ist schon wieder weg. Klaus ihm nach und – au! Er liegt am Boden.

"Steh doch auf!", ruft Fritz hinter seinem Weinstock hervor.

"Wenn ich könnte!", stöhnt Klaus, "Ich habe mich ganz in einem Zweig verfangen. Au, jetzt hab ich ihn abgeknickt! Du, wenn der Onkel das sieht! Was soll ich tun?"

Ungeachtet der Verletzungen am Knie, untersuchen die Jungen den verletzten Weinstock. Dabei stellt Klaus fest, dass die Rebe zur Hälfte abgerissen ist. Fritz schlägt vor:

"Wir brechen sie ganz ab und stecken sie daneben in die Erde, dann ist alles wieder in bester Ordnung."

"Oh, ich bin gespannt, wie sie ohne Wurzel wächst!", spottet Klaus. Aber Fritz macht sich schon mit dem Traubenmesser daran zu schaffen.

"He, Jungens!", unterbricht ihn die tiefe Stimme des Onkels. "Was gibts denn da zu sägen?"

Mit niedergeschlagenen Augen erzählen

nun die Jungen die dumme Sache mit der gebrochenen Rebe.

"Aha!", überlegt der Onkel, indem er von einem zum anderen blickt. "Heb den Rebzweig auf, Klaus!", befiehlt er und indem er beide Jungen am Kragen nimmt, sagt er: "Und nun kommt mit mir!"

Wenn das nur gut ausgeht, bangen die zwei Übeltäter.

Der Onkel setzt sich auf das nächste Mäuerchen und fordert die Jungen auf sich rechts und links neben ihm niederzulassen. Dann zieht er ein kleines Büchlein aus der Hosentasche. Er trägt es immer bei sich. Es ist ein in Leder gebundenes Neues Testament. Bei Johannes 15 schlägt er es auf, streckt es Klaus hin und fordert ihn auf von Vers 5 an zu lesen.

Und Klaus liest: "Ich bin der Weinstock –"

"Halt!", ruft der Onkel, "Wer sagt das?"

Klaus weiß es: "Jesus vergleicht sich mit einem Weinstock."

"Gut, weiter!"

Und Klaus liest: "Ihr seid die Reben."

"Halt! Wen meint er damit?", will der Onkel wissen.

"Sind das die Menschen?", fragt Fritz.

"Ja, schon, aber nicht alle Menschen, sondern nur die, die an Jesus glauben und ihn lieben. Aber nun lies weiter, Klaus."

Dieser fährt fort: "Wer in mir bleibt und ich in ihm, der bringt viel Frucht, denn ohne mich könnt ihr nichts tun."

Der Onkel hebt den gebrochenen Rebzweig vom Boden auf und sagt:

"Um Frucht zu bringen, hätte diese Rebe am Weinstock bleiben müssen. Von dort hätte sie den Lebenssaft erhalten. Da sie aber abgebrochen ist, muss sie verdorren und ist für uns von keinem Nutzen mehr. Sie wird nie mehr Trauben tragen."

"Und du wolltest uns sagen,", fährt Klaus fort, "dass auch wir so nahe beim Herrn Jesus bleiben müssen, wenn wir ihm nützlich sein wollen?"

"Der Herr Jesus hat das gesagt.", bestätigt der Onkel. "Und nun, Klaus, nimm diese gebrochene Rebe mit heim, hefte sie an die Wand über deinem Bett. Und wenn du am Morgen betest, bevor du in die Schule gehst, dann bitte den Herrn Jesus: 'Lass mich heute wie eine Rebe am Weinstock sein. Bewahre mich nahe bei dir, damit ich für dich nicht unnütz werde wie mein verdorrter Rebzweig.'."

Der Onkel schenkt auch Fritz eine Rebe zum gleichen Zweck.

"Ich bin der Weinstock, ihr seid die Reben. Wer in mir bleibt und ich in ihm, der bringt viel Frucht; denn ohne mich könnt ihr nichts tun."

Johannes 15, 5

Wie die sich wieder einmal benimmt!

“Nicht Fisch mit Messer!”, schreit Annette Sabinchen an. Und zur Familie gewandt:

“Wie die sich wieder einmal benimmt! Das Kind müsste erzogen werden!”

Nach dumpfem, kurzem Brüten: “Seht mal, jetzt legt sie die Gabel nach rechts und das Messer nach links, als wollte sie noch weiteressen! Sabine, wenn man fertig ist, legt man Messer und Gabel nach rechts, nebeneinander. So weiß jedermann, dass du fertig bist mit dem Essen!”

Annette hat schon immer viel Acht auf Umgangsformen gegeben und weil es ihr schien, sie werde daheim zu wenig darüber aufgeklärt, kaufte sie sich von ihrem Taschengeld einen “Knigge”. Das ist ein Buch, in dem steht, wie man sich richtig benimmt. Seit einiger Zeit ist der “Knigge” ihre tägliche Lektüre und sie verpasst keine Gelegenheit ihre Geschwister zurechtzuweisen. Sie glaubt, damit einen Dienst für die Familienehre zu tun.

“Die Eltern sagen nicht einmal etwas”, denkt sie finster, “und wenn man bei fremden Leuten ist, muss man sich schämen mit dem unerzogenen Kind.”

Nun stößt Annette ein Salatblatt in den Mund, dann noch ein größeres. Dieses geht nur zur Hälfte hinein und der Rest muss nach-

geschoben werden. Dabei läuft ihr die Salatsauce über das Kinn; Annette scheint die Tropfen, die auf ihr Kleid fallen, nicht zu bemerken. Weil es mit der Gabel zu mühsam geht, hilft sie mit den Fingern nach und leckt sie danach schnell ab, ganz schnell, bevor Papa die Tragödie bemerkt.

Aber er hat sie doch bemerkt! Donnernd fällt im selben Augenblick seine Faust auf den Tisch und er ruft:

"Nun reichts, Annette! Hast du im Knigge vielleicht auch einmal gelesen, wie man Salat isst? Schämst du dich nicht? Sabines Benehmen war weit besser als deine schlechten Manieren. Bemühe dich zuerst um dein eigenes Benehmen, bevor du andere belehren willst."

Die ganze Familie ist etwas niedergeschlagen. Aber sie versteht heute um so besser den Merkspruch, den Papa aus der Bergpredigt vorliest:

"Was siehst du aber den Splitter in deines Bruders (deiner Schwester) Auge und nimmst nicht wahr den Balken in deinem Auge? Oder wie kannst du sagen zu deinem Bruder (deiner Schwester): Halt, ich will dir den Splitter aus deinem Auge ziehen?, und siehe, ein Balken ist in deinem Auge. Du Heuchler, zieh zuerst den Balken aus deinem Auge; danach sieh zu, wie du den Splitter aus deines Bruders (deiner Schwester) Auge ziehst."

Matthäus 7,3–5.

Hokuspokus

Atemlos kommt Beate heute in der Schule an.

"Denk dir, Annette,", sagt sie keuchend, "als ich eben auf dem Schulweg durch das Wäldchen des Stadtparkes ging, bekam ich einen gehörigen Schreck. Plötzlich heulte es über mir in der Tanne: Hu, hu. Es war ganz gespensterhaft. Natürlich rannte ich, so schnell ich konnte, obwohl ich wusste, dass es nur ein Kauz war."

Sie holt Atem und fährt fort: "Aber was mir so Angst macht, ist, dass die Begegnung mit einem Kauz Unglück bringt. Dazu ist heute der Dreizehnte! Hat nicht Herr Gubler für heute eine Klassenarbeit angesagt? Nun, du wirst sehen, es wird schiefgehen!"

Annette lacht: "Das ist ja interessant! Ich habe heute Morgen einen Kaminfeger getroffen und daran gedacht, dass die Leute sagen, er bringe Glück. Nun wollen wir sehen, ob etwas dran ist. Ich hab heute also Glück, und du hast Pech!"

"Lach nur nicht so dumm!", gibt Beate zurück. "Mein Vater hat ein Hufeisen über der Garagentür aufgehängt. Das schützt ihn vor Unfällen. Bis heute ist ihm noch nie etwas passiert."

Beate scheint sich auf diesem Gebiet sehr gut auszukennen. Sie erklärt Annette mit Überzeugung die verschiedenen Zeichen, die Glück oder Unglück bringen sollen. Annettes Bemerkung, das sei alles nur Aberglauben, wischt sie unter den Tisch. Schließlich öffnet sie ihr Halskettchen, streut ein kleines, silbernes, vierblättriges Kleeblatt davon ab und schenkt es Annette, damit sie vor Unglück bewahrt bleibt.

Bis heute hat Annette diese Dinge als Spielerei betrachtet, aber nun wird sie doch unsicher. Beate scheint über sie ganz genau Bescheid zu wissen. Vorsorglich hängt sie das Kleeblatt mit einer Schnur an ihren Hals und hofft heimlich, zutiefst in ihrem Herzen, auf das Glück, das es ihr bringen wird.

Wie Annette nun am Mittag ihre Mutter begrüßt und ihr einen Kuss gibt, baumelt dieser das neue Anhängerchen entgegen. Mit erhobenen Augenbrauen nimmt sie das Kleeblatt in die Hand und blickt fragend auf Annette:

"Was soll das?", fragt sie erstaunt.

"Das bringt Glück, Mama!", strahlt Annette.

Aber Mama strahlt nicht. Im Gegenteil. Sie schaut finster drein, fast strafend. Erst am Mittagstisch bringt sie das Gespräch wieder auf das Kleeblatt:

"Weißt du, was du damit aussagst, Annette, wenn du ein vierblättriges Kleeblatt an deinen Hals hängst?"

"Nein.", gibt Annette zu.

"Dann will ich es dir sagen!", antwortet die Mutter ernst. "Du sagst damit, dass du nicht mehr dem Herrn Jesus vertraust, sondern dass von jetzt an dieses kleine, tote Ding deine Hilfe ist."

Das will Annette aber nicht wahrhaben. Mutter fährt jedoch unbeirrt fort:

"Siehst du, mit dem Aberglauben holt man sich die Hilfe beim Teufel, anstatt beim Herrn Jesus."

"Aber ich nicht!", protestiert Annette.

Und Klaus hilft ihr: "Das macht man doch bloß zum Spaß!"

Aber die Mutter erklärt ruhig weiter: "Zuerst sagt Satan den Leuten, dass allerlei Zeichen Unglück bringen, wie die Zahl 13 oder ein Kauz."

“Ja, das hat Beate auch gesagt!”, unterbricht Annette, aber Mutter fährt fort:

“Wenn die Leute dann tüchtig Angst haben, gibt er ihnen Mittel die Angst wieder loszuwerden, eben die 'glückbringenden' Dinger. Dann flüstert er ihnen noch ein, was Klaus vorhin sagte, das sei ja alles nur Spielerei. So merken sie gar nicht, dass sie immer fester in seine Hand kommen.”

Papa gibt Mama Recht und sagt: “Darüber hat schon Mose in 5. Mose 18 zum Volk Gottes gesprochen. Da zählt er alle Sünden des Aberglaubens auf und sagt dazu: ‘Wer solches tut, der ist dem Herrn ein Gräuel.’.”

“Aber ein Gräuel willst du dem Herrn nicht sein, Annette, das weiß ich. Darum leg das Kleeblatt sofort ab.”

Annette ist froh Beates Anhänger wieder loszuwerden. Freudig lernt sie mit den Geschwistern den heutigen Vers:

“Du aber sollst untadelig sein vor dem Herrn, deinem Gott. Denn diese Völker, deren Land du einnehmen wirst, hören auf Zeichendeuter und Wahrsager; dir aber hat der Herr, dein Gott, so etwas verwehrt.”

5. Mose 18,13–14

Sieht Gott wirklich alles?

Wieder einmal sitzt Sabine auf ihrem Spähposten am Fenster in der Wohnstube und beobachtet die Leute, die in Papas Praxis ein- und ausgehen. Heute macht sie eine aufregende Entdeckung: Frau Zimmermann, die Papas Sprechstunde regelmäßig besucht, ist jedesmal etwas runder. Und heute ist Sabines Verdacht zur Gewissheit geworden: Frau Zimmermann erwartet ein Kind!

Mama Singer lässt sich eben mit ihrem Strickzeug auf den guten Sessel nieder, als Sabine mit ihrer Botschaft zu ihr rennt.

"Mama!", ruft sie, "Frau Zimmermann bekommt ein Kind!"

“Ja, und?”, fragt Mama gelassen. “Weiß es wohl Papa schon?”, fragt Sabine aufgeregt. Aber Mama lacht:

“Natürlich, deswegen kommt sie doch zu ihm!”

“Aber was tut er dann mit ihr?”, rätselt Sabine weiter.

“Er untersucht sie und schaut, ob das Kind in der richtigen Lage liegt.”

“Ja, kann er das Kind denn sehen?”, fragt Sabine überrascht.

“Nein, natürlich nicht.”, antwortet Mama, “Mit seinen Augen kann er es nicht sehen, aber mit Hilfe des Ultraschallgeräts kann er die Umrisse des Kindes erkennen.”

“Dann hat noch gar niemand das Kindchen richtig gesehen!”, träumt Sabine vor sich hin.

“Oh doch!”, unterbricht Mama ihre Überlegung. “Jemand hat es gesehen und sieht es alle Tage!”

Sabine starrt Mama mit offenem Mund an. Das übersteigt ihr Verständnis.

“Wer denn?”, fragt sie mit runden Augen. Aber Mama schmunzelt nur und wartet, ob es Sabine nicht selber in den Sinn kommt. Und wirklich, jetzt leuchten ihre Augen auf:

“Natürlich, der Heiland!”, sagt sie. “Aber sag mal, Mama, kann denn der Heiland alles, alles sehen? Sagen wir, ich verberge mich im Schrank oder unter dem Bett. Oder...”, eifert sie weiter, “... es sei Nacht und ich befinde mich im Wald oder so.”

Mama streicht ihr liebevoll über die Haare und sagt:

“Es gibt keinen Ort, Kind, an dem du dich vor Gott verbergen könntest.”

“Aber das ist unangenehm!”, findet Sabine. “Manchmal möchte man doch auch unbeobachtet sein.”

“Wenn du ein gutes Gewissen hast,”, stellt Mama fest, “so darf der Heiland dich doch sehen! Verbergen will man doch nur, was böse ist.”

“Aber jetzt zurück zum Kindchen von Frau Zimmermann.”, greift Sabine zurück, “Wie weißt du denn so genau, dass er es sieht?”

“Das steht in der Bibel, Sabine.”, antwortet Mama überzeugt.

“Aber doch nicht das vom Kindchen!”, wehrt die Kleine ab.

“Aber sicher!”, versichert Mama, “Ich weiß nur nicht mehr genau, wie und wo das steht. Wir wollen heute Abend Papa fragen, er weiß es bestimmt.”

Damit ist Sabine einverstanden, aber ihr Wissensdurst ist nun einmal geweckt und da Mama ihr schon früher eingeschärft hatte, über solche Dinge spreche man nur mit den Eltern und nicht mit den Kindern auf der Straße oder in der Schule, so will sie den ruhigen Augenblick auch benutzen, um mehr zu erfahren.

Darum unterbricht Sabine jetzt die Stille: “Mama, wie geht es denn mit so einem Kindchen?”

“Unter Mutters Herz wächst es zu einem

Menschlein heran.", antwortet Mama. "Während neun Monaten haben die Glieder und alles am Kindlein Zeit sich zu formen und sich zu entwickeln; die Händlein, die Füßlein und das Köpfchen."

Sabine ist von Ehrfurcht ergriffen. Zwischen ihren Fragen bleibt es immer wieder still, dann wenn Sabine nachdenkt.

Als Papa nach Feierabend herüberkommt, springt Sabine an ihm hoch und sagt: "Papa, Frau Zimmermann bekommt ein Kind! Stimmt das?"

"Ho, ho!", antwortet Papa. Das sagt er immer, wenn er überrascht wird. "Hat mein kleiner Polizist wieder am Fenster gestanden?", fragt Papa und macht sich künstlich eine steile Falte auf der Stirn.

Aber Sabine ist schon weiter in ihren Gedanken: "Sag, Papa, tut es weh, wenn man ein Kind erwartet?"

"Aber nein!", lacht Papa, "Das ist doch keine Krankheit!"

Während er Sabine trotz ihrer neun Jahre hochhebt, sagt er fröhlich: "Sabinchen, das alles ist ein großes Wunder."

Mama hat sich nicht getäuscht, als sie sagte, Papa werde das Bibelwort bestimmt finden, das davon spricht, dass Gott uns sieht, bevor wir geboren sind. Es steht in Psalm 139.

"Du hast mich gebildet im Mutterleibe. Ich danke dir dafür, dass ich wunderbar gemacht bin;... Es war dir mein Gebein nicht verborgen, als ich

im Verborgenen gemacht wurde.... Deine Augen sahen mich, als ich noch nicht bereitet war."

"Tatsächlich!", staunt Sabine.

Sie hätte nicht im Traum daran gedacht, dass Gott sich mit noch ungeborenen Kindlein beschäftigt.

Mama schaut Papa über die Schulter in die Bibel und liest mit. Da lacht sie plötzlich auf und sagt: "Ha, Sabine, wie interessant! Gerade daneben steht, dass Gott uns überall sieht. Das wollte dir doch auch fast unmöglich scheinen. Da, hör: 'Wohin soll ich fliehen vor deinem Angesicht? Führe ich gen Himmel, so bist du da; ... spräche ich: Finsternis möge mich decken und Nacht statt Licht um mich sein, so wäre auch Finsternis nicht finster bei dir –'."

Glücklich lehnt sie sich zurück, und während sie ihre Kinder betrachtet, sagt sie: "Wie gut haben wir es doch. Wir haben einen Herrn, der uns wunderbar geschaffen hat. Und wenn wir dann auf der Welt sind, lässt er uns nie aus den Augen, um uns immer zu bewachen und zu behüten!"

"Denn du hast meine Nieren bereitet und hast mich gebildet im Mutterleibe. Ich danke dir dafür, dass ich wunderbar gemacht bin."

Psalm 139, 13–14

In Papas Fußstapfen

“Bitte, bitte, Papa, lass mich doch mitkommen, ich möchte so gerne mit dir kommen!”, bettelt Sabinchen. Aber immer wieder versucht Papa sein Mädchen davon zu überzeugen, dass der Weg ins Nachbardorf durch den hohen Schnee viel zu mühsam sei, dass eine kalte Brise blase und den Weg immer wieder verwehe und dass Sabine nicht Schritt halten könne. Doch Sabine weiß immer wieder eine Ausrede:

“Aber Papa, dann geh ich einfach genau in deinen Fußstapfen und wenn ich ganz nahe hinter dir bleibe, kann mir der Wind die Spur nicht verwehen.”

“Was willst du denn tun, während ich die Kranken besuche? Du kannst nicht mit mir in die Krankenzimmer kommen.”, wendet Papa jetzt ein.

Aber Sabine will bei Frau Wullschleger warten, bis Papa die Arztvisite beendet hat. Sie kennt sie gut und sie hat immer so feines Gebäck in einer Blechdose.

Schließlich gibt sich Papa geschlagen und Sabine schnürt glücklich die Schneestiefel, knüpft die Skijacke bis unter das Kinn zu und zieht die Kapuze in die Stirn. Und los gehts.

Wie abgemacht geht Papa voran und Sabine springt dicht hinter ihm von einem Fußabdruck in den anderen. Zuerst ist das ganz lustig und vergnügt versucht Sabine im gleichen Takt wie

Papa das hintere Bein nach vorn zu ziehen. Aber es ist doch ziemlich weit ins Nachbardorf, die Finger werden rot und steif und jetzt beginnt es noch zu schneien. Sabinchens kurze Beine kommen immer langsamer nach und der Zwischenraum zwischen ihr und Papa wird immer größer.

Aber, was ist das? Eine Hasenspur? Das muss untersucht werden! Sabine wird Papa trotzdem wieder einholen. Sie will nur schnell nachschauen, wo der Hase wohnt. Die Spur geht einen Haselstaudenhang entlang und – ist plötzlich weg.

Und Papa? Der ist auch weg! Sabine beginnt zu schreien:

“Papa, Papa, warte auf mich. Ich kann allein nicht vorwärtskommen! Papa, wo bist du?”

Natürlich hat Papa Sabines Ausflug auch bemerkt und als er zurückkommt und das schreiende Kind an die Hand nimmt, sagt er: “Du kleiner Hasenjäger, wozu dienen denn Papas Spuren, wenn man sie nicht benutzt? Merke dir, Nebenspuren sind gefährlich.”

“Denn dazu seid ihr berufen, ... dass ihr sollt nachfolgen seinen Fußstapfen.”

1. Petrus 2, 21